WERNER ~~ROTHER~~ Hövels

Hövelns

Die Kunst des ~~Streitens~~

~~G~~ H

Hövels

WILHELM ~~GOLDMANN~~ VERLAG

MÜNCHEN

7023 · Made in Germany · 3. Auflage. Genehmigte Taschenbuchausgabe. Die Originalausgabe ist im Günter Olzog Verlag, München, erschienen. Umschlagentwurf: Ilsegard ~~Reiner~~. Gesetzt aus der Linotype-Garamond-Antiqua. Druck: Presse-Druck Augsburg. Verlagsnummer 1366 · Wo/St

ISBN 3-442-01366-6

Inhaltsverzeichnis

Regeln und Figuren des Geisteskampfes

Wer einem Fußballspiel oder einem Boxkampf zusieht, ohne von Sport etwas zu verstehen, sieht bekanntlich nur die Hälfte von dem, was vorgeht. Er erblickt durcheinanderlaufende Spieler oder aufeinander einschlagende Männer und bemerkt auch, wenn Tore fallen oder ein Boxer zu Boden muß. Aber er weiß niemals, warum die anderen Zuschauer Ah oder Pfui rufen; denn die Einzelheiten der Handlung und Bewegung, die dem Spiel erst Farbe und Hintergrund geben, gehen ihm verloren. Die Feststellungen der Fachleute, die hier von Angriffen, Deckungen, Kombinationen, Paraden oder Tricks sprechen, hält er womöglich für leeres Gerede, durch das die an sich zufälligen Vorgänge über Gebühr wichtig genommen werden.

Diese Laienauffassung wird in Fragen des Sports niemand anerkennen. Zu wissen, »wie es gemacht wird«, ist die Stärke des Sachverständigen. Auch ist auf diesem Gebiete die Zahl der Fachkundigen groß, und diejenigen, die überhaupt nichts von der Sache verstehen, befinden sich in der Minderheit.

Bei geistigen Auseinandersetzungen, es handle sich um freundschaftliche Diskussionen oder um ernste Polemiken, ist dieses Verhältnis leider umgekehrt. Obwohl die Dinge, um die es hierbei geht, oft von größter allgemeiner Wichtigkeit sind, versteht es nur eine kleine Anzahl Menschen, den Verlauf eines Meinungskampfes auf seine technischen Einzelheiten hin zu beurteilen und Stärke und Schwäche der Positionen richtig abzuschätzen. Die meisten, die einen solchen Streit verfolgen, nehmen hier ihrerseits nur ein unerfreuliches Knäuel von Beschuldigungen, Beteuerungen, Ausreden und mehr oder weniger zutreffenden Gründen wahr und wenden sich von diesem verwirrenden Anblick gern mit der Bemerkung ab, daß die ganze Streiterei ja doch keinen Zweck habe, daß Lügner und

Betrüger dabei mit Notwendigkeit die Oberhand gewännen und daß ein anständiger Mensch solchen Auseinandersetzungen am besten aus dem Wege gehe.

Dieser Standpunkt ist bis zu einem gewissen Grade verständlich. Sind nicht schon die Anlässe und Gelegenheiten, bei denen sich Menschen mit Waffen des Geistes bekämpfen, unübersehbar? Kann man sich nicht mit einer Unzahl ganz verschiedenartiger Gegner – mit fremden und nahestehenden Leuten, mit Ämtern und Organisationen, mit Gott und der Welt und genaugenommen sogar mit sich selber streiten? Findet nicht schon beim Lesen eines Buches, beim Anhören einer Rede oder beim Betrachten eines Plakates eine stille Auseinandersetzung mit dem Gebotenen statt? Wie soll man hier Regeln und Unterschiede erkennen? Und hat man sich nicht, was besonders die Propaganda betrifft, nach verbreiteter Ansicht überhaupt damit abzufinden, daß der Mensch unserer Zeit den übermächtigen Kräften der Beeinflussung und Meinungsbildung mehr oder weniger hilflos ausgeliefert ist, so daß es zwecklos scheint, sich über das Wie und Warum noch Gedanken zu machen?

Natürlich wäre es, wie gerade die letzte Erwägung zeigt, zumindest recht wünschenswert, wenn jedermann – auch der von Natur Sanftmütige – einige Grundregeln des Geisteskampfes kennen und beherrschen lernte. Vielleicht kehrte dann bei vielen, die sich gegenwärtig ohne Ziel und Richtung im Widerstreit der Standpunkte und Interessen treiben fühlen, eine gewisse Standfestigkeit des Urteils und das Vertrauen in die eigene Einsicht zurück. Voraussetzung wäre allerdings, daß derartige Grundsätze des Streitens und Argumentierens überhaupt nachweisbar und zu erlernen wären.

Bei näherer Betrachtung des vielfältigen Stoffes zeigt sich in dieser Beziehung vieles Neue und Schwierige, zugleich aber auch vieles Tröstliche. Allen geistigen Kontroversen – das kann zunächst festgestellt werden –, mag es sich um solche im privaten oder öffentlichen Leben, auf höherer oder niederer Ebene, auf wissenschaftlichem, politischem, gerichtlichem, wirtschaftlichem oder einem beliebigen anderen Gebiet handeln, ist es gemeinsam, daß sie in bestimmten gedanklichen Bahnen verlaufen und unter Anwendung einer Reihe immer wiederkehrender dialektischer Figuren stattfinden. Es gibt hier Angriffszüge, Paraden, Riposten, Finten, Fouls und Tiefschläge wie beim körperlichen Kampf, und es ist von verständlichem Vorteil, diese Bewegungen durchschauen und ihnen begegnen zu können. Ein weites Arsenal geistiger Waffen tut sich dabei der sammelnden Beobachtung auf, welches aber zum Glück nicht unübersehbar, sondern in sich gegliedert und in Gruppen und Hauptfiguren einteilbar ist und wobei wesentliche und unwichtige, tiefgehende oder mehr oberflächliche Methoden unterschieden werden können.

Auch wird dabei klar, daß das Streiten und Argumentieren keine Angelegenheit der moralischen Stärke oder des moralischen Versagens, sondern ein auf seine Art geistesnotwendiger, energieerzeugender Vorgang ist, der – wie es die Philosophen auch längst wissen – der Auffindung der Wahrheit durch Zug und Gegenzug und der dialektischen Ausbalancierung der Standpunkte und Interessen dient. Das Argumentieren ist mit dem Denken großenteils identisch. Ob nun der denkende Mensch seine Erwägungen im äußeren Streit mit einem Gegner verficht oder ob er seine Gedanken und die möglichen Gegenargumente bei sich selbst prüft, ist insoweit einerlei. Die denkerische Auseinandersetzung mit der Welt im großen oder im kleinen ist dem Menschen kraft seiner Natur aufgegeben. Alle Feststellungen und Unterscheidungen, die wir im Verlaufe unserer Untersuchung zu treffen haben, werden daher die Grundprobleme des Denkens und Philosophierens streifen. Die Fragen in ihre vorhandenen Tiefen zu verfolgen, wird allerdings nach Sinn und Zweck unserer Darstellung nicht möglich sein.

Begriffe der Logik

Zu erwähnen ist nur noch, daß die folgenden Ausführungen in vieler Beziehung auf gewisse alte Begriffe und Einteilungen zurückführen müssen, die auf dem Gebiete der Logik seit Jahrhunderten üblich sind. Es soll aber davon abgesehen werden, diese alten, meist schon von Aristoteles herrührenden Fachausdrücke in vollem Umfange zu verwenden, zu erläutern und zu klassifizieren und die oftmals recht abstrusen Beispiele, die früher zur Erklärung dieser Begriffe dienten, vor dem modernen Leser wieder auszubreiten. Dem Menschen unserer Tage werden Ausdrücke wie »pepitio principii« oder »ignoratio elenchi« nicht viel nütze sein. Denn die Benennung der logischen Operationen mit Fachausdrücken ist nur dann von praktischem Wert, wenn diese Ausdrücke allseits so bekannt sind, daß man die Streitweise des Gegners dadurch in abgekürzter Weise kennzeichnen oder beanstanden kann. Das aber ist heute nicht mehr möglich. Der moderne Leser braucht eine neue Anleitung und neue Beispiele zu diesen Fragen.

Trugschlüsse

Von geringem Interesse würde übrigens auch eine Übersicht über die vielerlei Arten von Trugschlüssen sein, mit denen die Logik seit den Sophisten zu glänzen und zu unterhalten wußte. Zwar sind die Elemente dieser »Fallazien« auch in den Täuschungsmanövern unserer Zeit ab und zu wieder erkennbar; im großen und ganzen jedoch handelt es sich bei den Geistesbetrügereien der Gegenwart um andersgeartete Vorgänge, als sie in den absonderlichen historischen Trugschlüssen vom Krokodil, vom Prozeß des Protagoras oder vom Lügner enthalten sind. Jeder einfache Mann wußte und weiß auch ohne besondere Belehrung, daß es falsch ist, wenn man folgert:

»Was du nicht verloren hast, das hast du noch. Hörner hast du nicht verloren. Also hast du Hörner.« Diese Sophismen sind mehr theoretische Konstruktionen als praktisch interessant und werden im Leben kaum jemand irreleiten. Dagegen würde es uns zum Beispiel interessieren, durch welche Mittel die Propaganda- und Reklametechnik unserer Zeit ihre anerkannte Überredungswirkung erzielt und wie man demgegenüber seinen eigenen Standpunkt behaupten kann.

Zweck einer modernen Streitkunde

Eine moderne Streitkunde wird also gut daran tun, von den praktischen Erfahrungen und Beobachtungen ihren Ausgang zu nehmen, die überall dort gemacht werden können, wo heute gestritten und argumentiert wird, und zwar durchaus ohne Rücksicht auf den Rang der Person oder die Dignität der Stätte – im Gerichtssaal wie in der Straßenbahn, bei Behörden wie in der Familie, bei Betriebsversammlungen, im Hausflur oder in der Waschküche. Diese Beobachtungen müssen auf ihre Bedeutung hin untersucht und die Ergebnisse, in Hauptgruppen zusammengefaßt, vorgetragen werden. Dabei wird es nötig sein, außer den eigentlich logisch-dialektischen Operationen auch eine Reihe von mehr äußerlichen Verhaltensweisen zu behandeln, deren Kenntnis und Beachtung mitunter wesentlicher ist als die sachliche Gedankenführung.

Damit wird denen, die es interessiert, gezeigt, »wie man mit Ehren fechten soll«. Es mag den vielen ein wenig geholfen sein, denen immer erst hinterher einfällt, was sie hätten sagen müssen; denn das sind durchaus nicht immer diejenigen, die unrecht haben oder deren Meinung zu hören unnütz wäre. Es soll denen Trost und Ermutigung zugesprochen werden, die unter dem großen Mund anderer im und außer Hause leiden. Es soll einem kummergewohnten Zeitungsleser die Hand gereicht werden, wenn er unter der Sturzflut der zeitgenössischen

Presseerzeugnisse den Wunsch nach eigener kritischer Orientierung verspüren sollte. Und es mag allen Personen, die privat oder von Berufs wegen ihren Standpunkt in streitbarer Rede verfechten müssen, Auskunft gegeben sein, wie man sich vor schnöden Gegnern behauptet.

Indem aber auf diese Weise jedermann Kenntnis von den streithaften Regeln und zugleich die Anregung erhält, auch auf geistigem Gebiete vor einem mächtigen Feinde keinesfalls zu verzagen, möge – worauf sich auch in der großen Politik die allgemeine Hoffnung gründet – letzten Endes der Verträglichkeit und der Erhaltung des Friedens der Weg bereitet sein.

Ob und wann man streiten soll

Zunächst erhebt sich vor jedem Streit die Frage, ob man sich überhaupt streiten soll. Hierzu ist in aller Offenheit zu sagen, daß im großen und ganzen viel zu wenig gestritten wird und daß die volkstümliche Scherzrede, man solle »nur keinen Streit vermeiden«, durchaus das Richtige trifft.

Ganz zu Unrecht sagen Leute, die bei diesem oder jenem geistigen Gefechte einmal den kürzeren zogen, daß die ganze Streiterei »sowieso sinnlos sei«. Mit einer so altklugen Feststellung, die das Ergebnis einer Diskussion überheblich vorwegnimmt, ohne die Standpunkte selbst gehörig durchdacht und ehrlich durchgefochten zu haben, kommt man der Sache nicht bei. Diese Haltung ist auch nicht zu verwechseln mit der eben geäußerten Absicht, durch kräftige Aufrüstung des Geistes dem allgemeinen Frieden zu dienen. Denn es ist ein großer Unterschied, ob man sich nach tapferer Gegenwehr friedlich vergleicht oder ob man dem Gegner von vornherein kampflos das Feld überläßt.

Die allzu betonte und von vornherein bewiesene Friedfertigkeit hat nämlich mit Sicherheit die Folge, daß alle frechen und eigennützigen, alle ruppigen und gedankenlosen Zeitgenossen ermutigt werden, sich auf Kosten ihrer redlich gesinnten Mitmenschen breitzumachen. Diese Gefahr einzudämmen, kann man aber billigerweise nicht allein vom Staat, von der Presse oder von anderen Leuten verlangen, die die Sache gar nichts angeht. Man muß vielmehr in erster Linie selbst bereit sein, in die Arena zu steigen und sich mit den Störern auseinanderzusetzen.

Es wäre aber deswegen nicht richtig, sich in jeder Situation und zu jeder Stunde gedankenlos auf einen Streit einzulassen. Ein Kampf mit Worten hat wie jeder andere Kampf den Sinn, den Gegner zu bezwingen. Jeder muß sich also, ehe er die Waffen ergreift, zumindest einmal die Frage vorlegen, ob er überhaupt in der Lage sein wird, entweder als Sieger aus dem Gefecht hervorzugehen oder dem Gegner wenigstens ein paar treffende Hiebe zu versetzen. Mindestens das letztere muß zu erwarten sein. *Wenn* dies aber der Fall ist, dann verpflichtet bereits die Aussicht auf einen beschränkten Erfolg zur Aufnahme des Kampfes; denn auch die Kratzer und Risse, die dem Feinde zugefügt werden, können ihn veranlassen, beim nächstenmal anständiger zu sein.

Hier winken zumal dem einfachen Mann, wenn er sich mit großen Herren streiten muß, überraschende Chancen. Denn dem Großen ist es oftmals peinlich, sich mit einem Kleinen auf Biegen oder Brechen anlegen zu müssen. Er verliert, zumal wenn er wiederholt mit Kleinigkeiten vor der Öffentlichkeit gegen Schwächere auftritt, das Ansehen. Es gibt dann die sprichwörtlich bekannten Pyrrhus-Siege, die nicht allein dem Pyrrhus zu Ehren so sprichwörtlich geworden sind, sondern deshalb, weil sie eine typische und in allen Kämpfen wiederkehrende Situation anzeigen, die der Erfahrene zu vermeiden sucht. Tapfere Gegenwehr macht sich also auch dann bezahlt, wenn sie nur auf eine ernsthafte Verwundung, nicht auf eine völlige Besiegung des Feindes hinausläuft.

Um die Erfolgsaussichten eines Streites beurteilen zu können, müssen vor allem die beiderseitigen Waffen geprüft werden. Diese sind auch im geistigen Kampfgetümmel recht verschieden. Die einen fechten mit dem Florett, die anderen hauen mit dem Knüppel. Die einen stechen mit Nadeln, die anderen kämpfen mit Latten oder Steinen. Diese Unterschiede muß man rechtzeitig zu erkennen suchen. Obendrein kommt es auch noch darauf an, wer zuschaut oder den Kampf beurteilt. Wenn *der* wenigstens etwas von der hohen Fechtkunst versteht, kann man den Kampf mit ungleichen Waffen immerhin aufnehmen. Im übrigen aber empfiehlt sich Vorsicht. Wer bemerkt, daß ihn einer mit dem bekannten Lehm beschmeißt, der darf nicht hoffen, diesen mit seinem feinsinnigen Pusterohr aus dem Felde schlagen zu können. Und wer sich aus irgendwelchen triftigen Gründen nicht auf einen Kampf mit faulen Äpfeln einlassen kann, für den ist es allerdings besser, er verläßt in diesem Falle den Kampfplatz, ohne sich zu wehren.

In gewissen Ausnahmesituationen, die der Gegner selbst geschaffen hat, kann auch das Nicht-Streiten und Nicht-Diskutieren die richtige Waffe der geistigen Auseinandersetzung sein. Wenn moderne Machthaber, denen an der totalen Gleichschaltung ihrer Untertanen gelegen ist, ab und zu belieben, zur »freien Diskussion« aufzufordern, dann steht meistens von vornherein fest, daß eine solche Meinungsäußerung an den bestehenden Zuständen durchaus nichts ändern, sondern nur die Gegner des Regimes erkennbar machen soll. Hier ist allerdings das Stillesein die einzige richtige Art der Erwiderung.

Es gibt ferner auch hinsichtlich des *Inhaltes* einer Diskussion eine Reihe von Themen, über die man sich nicht streiten sollte. Hier liegt es in der Eigenart der Sache selbst, daß durch eine streithafte Erörterung nichts gewonnen werden kann. Leider gehören einige dieser Themen gerade zu den beliebtesten im volkstümlichen Wortgefechte.

Da ist etwa der Streit um erwiesene Wohltaten. Kein Mensch vermag je zu beurteilen und kein Gericht (außer dem Jüngsten) könnte entscheiden, ob ein Ehemann seiner Frau im Laufe einer zwanzigjährigen Ehe mehr Gutes getan hat als sie ihm. Mit der vollständigen Aufzählung, selbst wenn sie gelänge, wäre noch nichts über Wert und Motiv der Wohltaten gesagt, und derjenige, der alle eigenen guten Handlungen fließender aufzuzählen weiß als der andere, muß deshalb noch lange nicht der Bessere sein. Das ist auch ganz in der Ordnung, denn gute Werke soll man um ihrer selbst willen tun und nicht, um sie später als Argumente gegen den anderen verwenden zu können.

Ebenso nutzlos ist es, über Tiefe und Größe von Gefühlen und Empfindungen zu streiten; denn sowenig man sicher ist, ob der eine Mensch Grün genauso sieht wie der andere, so wenig kann jemals festgestellt werden, ob Eindrücke und Erlebnisse von dem einen stärker oder schwächer empfunden werden als von dem anderen. Ob *sie* also tiefer getroffen war, als er sie eine Gans nannte, oder ob *er* heftiger litt, als sie ihm seine alte Pfeife in den Ofen warf, wird niemals objektiv entschieden werden können.

Man hüte sich daher, solche Streitigkeiten zu beginnen. Man scheue sich aber auch hier nicht, energisch zu erwidern, wenn man angegriffen wird.

Nicht nur auf die spezielle, sondern auch auf die kollektive Wirkung des streitbaren Widerstandes darf man vertrauen, auf den Umstand also, daß die Kampfbereitschaft aller Guten eine allgemeine, vielfach bewiesene Macht ist, mit der gerechnet werden kann. Wenn auch Eigennutz und Skrupellosigkeit in vielen Fällen Erfolg erringen, so bleibt die Kraft der Gerechtigkeit dennoch erhalten und weiterhin wirksam. Das ist auch den Übeltätern nicht gleichgültig. Auch von ihnen haben die wenigstens so viel Dickfelligkeit, daß es ihnen absolut nichts ausmachte, wenn sie von allen Seiten her harte Entgegnungen und tatbereite Mißachtung fänden.

Der Widerstand der Anständigen aber ist eine Energie mit ausgesprochener Zeitzünderwirkung – keine Sache für kurzgeschlossene Augenblickskämpfer, sondern eine stillwirkende elementare Kraft, deren Erfolg immer viel später auftritt, als es den Bösen lieb ist. Man darf auf ihr Bestehen im Kampfe vertrauen, auch wenn man zunächst keine Ergebnisse sehen sollte. Damit aber der Kampf gegen Unrecht, Betrug und Eigennutz allgemein und andauernd sei, muß jeder auf seinem Gebiete bemüht sein, ihn aufzunehmen und zu bestehen. Wer sich dieser Pflicht entzieht, handelt nicht friedlich und menschenfreundlich, sondern eigennützig und verantwortungslos.

Arten und Umstände der geistigen Auseinandersetzung

Der Streit mit Schimpfworten

Die urtümlichste und gewissermaßen ehrwürdigste Form der geistigen Auseinandersetzungen besteht darin, daß sich die Kombattanten mit einem reichhaltigen Sortiment gutsitzender Schimpfwörter belegen. Diese Art des Meinungsaustauschs hat sich über lange Jahrtausende hin der allergrößten Beliebtheit erfreut, und nur unserem verweichlichten Zeitalter und der ausgetretenen Stufe unserer Zivilisation war es gemäß, sie in Mißkredit zu bringen und auf ihre Anwendung in unbegreiflichem Edelsinn selbst dann zu verzichten, wenn ein rüpelhafter Gegner von sich aus wieder mit ihr anfängt.

Die erfindungsreiche und bildstarke Beschimpfung des Widersachers ist etwas Großartiges. Sie hat, auch wo sie nicht die Schönheit homerischer Diktion erreicht, den unschätzbaren Vorteil, daß sie die Seele des Sprechers leichtmacht und dem Gemüt denselben Triumph gewährt, als liege der Feind bereits besiegt am Boden.

Der Nachteil des Verfahrens liegt indes in der schnellen Erschöpfung der Möglichkeiten der Auseinandersetzung, die als nächste Steigerung nur noch die handgreifliche Einwirkung übrigläßt. Verbietet es sich aus irgendeinem Grunde, in dieses letzte Stadium einzutreten, dann führt die unbedachte Anwendung der Beschimpfungstaktik allerdings zu einer baldigen Abstumpfung dieses Mittels. Das kann, wenn man aus der Verteidigung heraus schimpft, ja gerade der Sinn der Sache sein. Gefährlich ist es nur, mit der Beschimpfung zu beginnen, ohne weitere Machtmittel in petto zu haben.

Grundsätzlich ist jedermann zu empfehlen, sich für Überraschungsfälle eine Anzahl gutgeprägter Kraftausdrücke zurechtzulegen. Die Gelegenheiten zu ihrer Verwendung sind im modernen Massenstaat sehr mannigfaltig. Sie ergeben sich namentlich dort, wo größere Menschenmengen in verdrießlicher Stimmung beisammen sind – in der Straßenbahn, in »Erholungszentren«, beim Anstehen in Geschäften oder an Schaltern, beim Warten in Gastwirtschaften oder bei gemeinsamer unerfreulicher Arbeit.

Bei solchen Gelegenheiten ist es vorteilhaft, auf jede grobe Anpflaumung sofort eine kräftige Gegenrede bereit zu haben, welche – das verlangt das Hebelgesetz – immer um einen Grad stärker sein muß, als die des Angreifers.

Natürlich ist diese Unterweisung insoweit ein Notbehelf. Die richtige Schlagfertigkeit, die ein übles Wort des Gegners schnell und mit so überraschender Formulierung außer Kraft setzt, daß kein Gegeneinwand mehr möglich ist, kann nicht gelehrt werden. Doch wird die Beherrschung einiger passender Gattungswörter jedenfalls vor schmählicher Wehrlosigkeit bewahren und dem anderen den frechen Übermut vertreiben.

Aus gebildeten Kreisen kommt hier gewöhnlich der Einwand, ein solcher Streit mit Schimpfwörtern sei »unsachlich« und führe zu nichts. Die Einstellung, die dieser Ansicht zugrunde liegt, ist sehr gefährlich und hat das Gute in der Welt schon viele wertvolle Positionen gekostet. Einen erfolgreichen und zugleich geistig hochstehenden und ästhetisch genußreichen Streit zu führen, ist nämlich nicht so einfach, wie es diese Auffassung stillschweigend voraussetzt, und vor allem immer von der Bedingung abhängig, daß der Gegner ebenfalls auf guten Geschmack hält. Tut der das nicht, so hat der Edle nur die Wahl, entweder vornehm das Feld zu räumen oder aber kräftig mit gleicher Münze zu erwidern. Hat er sich zum letzteren ein- oder zweimal energisch aufgerafft, so wird er bemerken, daß man ihn auf Grund bewiesener Ruppigkeit von Stund an höflicher behandelt.

Ganz verkehrt ist vor allem die Ansicht, man dürfe sich

vom Gegner die Art der Polemik »nicht aufzwingen lassen« und nicht auf das »Niveau hinabsteigen«, das der andere mit seinen Angriffen erkennen läßt. Was sollte aus der zivilisierten Welt werden, wenn dieses kurzsichtige Argument Schule machte?

Ist nicht alle Bekämpfung und Bestrafung von Übeltätern ein Hinabsteigen auf deren niedere Art, ein Heimzahlen mit gleicher Münze, welches das Gesetz nur deshalb erlaubt, weil es zur Abwehr gleicher oder schlimmerer Bosheiten des anderen erfolgt?

Warum zum Teufel also entschließen sich Staatsmänner, die aus dem gegnerischen Lager seit Jahr und Tag auf das heftigste beschimpft werden, nicht dazu, ihren Mund zu einem breiten Strom gleich saftiger Entgegnungen zu öffnen? Zumal wenn das Publikum zum großen Teil aus Leuten besteht, die ihrerseits der urwüchsigen Form der Auseinandersetzung noch vollauf zugetan sind? Wie sehr würde es zur Beseitigung internationaler Verwicklungen und zur Ausräumung folgenschwerer Mißverständnisse beitragen, wenn Störenfrieden in kräftiger Form gesagt würde, was sie sind und was sie im Falle weiteren Übelverhaltens zu erwarten haben!

Und warum soll es eigentlich unsachlich sein, jemanden, der ein Betrüger ist, auch als solchen zu bezeichnen? Es ist doch im Gegenteil die sachlich einzig richtige Benennung dieses Menschen, sofern man die Maßstäbe der Moral noch für allgemeinverbindlich ansieht.

Halte also jedermann an der erprobten Weisheit fest, daß auf einen groben Klotz ein Keil von gleicher Qualität gehört, und entnehme jeder aus der Tiefe seiner Erinnerung und aus den Bereichen, in denen er noch fest mit seinem Volkstum verwurzelt ist, die passenden Erwiderungen für beschimpfende Überfälle. Er wird damit die stille Achtung aller aufrechten Zeitgenossen gewinnen.

Der Streit mit Argumenten

Der eigentliche Meinungskampf allerdings, wie er mit Kunst und Verstand betrieben sein will, ist etwas anderes als die bloße Beschimpfung. Der Streit mit Schimpfwörtern ist gewissermaßen das Endstadium der Auseinandersetzung, in dem durch das Kraftwort das Fazit eines langen streithaften Durchdenkens des Falles gezogen wird. Es kann einerseits als zeitsparende Abkürzung anzusehen sein, wenn mit den Worten »Du Depp!« dieses Ergebnis, kurz formuliert, vorweggenommen wird. Andererseits ist dieses Verfahren allzu summarisch, weil es die *Gründe* der Feststellung vermissen läßt, die kennenzulernen für das Publikum gerade interessant ist. Mit der Frage nach den Gründen beginnt aber eben die eigentliche lebendige Diskussion um den ganzen Fall, in der sich der Streiter behaupten muß, wenn ihm seine Kraftausdrücke nicht schließlich selber zum Nachteil gereichen sollen.

Die Kunst des Streitens, die sich hier entfaltet und die den eigentlichen Gegenstand unserer Überlegung bildet, erweist sich im wohlerwogenen und geübten Gebrauch der Gesichtspunkte, Gründe, Erwägungen und Beweise – der einzelnen Bausteine also, aus denen sich eine Diskussion zusammensetzt und durch die die Überwindung des Gegners vollzogen werden muß. Sie zeigt sich außerdem in der notwendigen Übersicht über die Methoden und Phasen des Kampfes und in der Fähigkeit, zur rechten Zeit die richtigen Argumente bereit zu haben.

Voraussetzungen der nützlichen Diskussion

Dabei besteht zunächst ein sehr wesentlicher Unterschied darin, ob eine dritte Stelle da ist, die den Streit entscheidet, oder ob die Auseinandersetzung nur zwischen den beiden Widersachern selbst stattfindet. Im ersteren Falle braucht es jeder Partei nicht so sehr um die Überzeugung des Gegners als um die Gewinnung des Richtenden und Entscheidenden zu tun zu sein. Zu diesem muß gesprochen werden, mag auch rein äußerlich der Gegner angeredet sein. Die Ansicht des Richtenden ist die entscheidende. Natürlich muß diese Schiedsperson, wenn das Verfahren sinnvoll bleiben soll, ihrerseits willens und in der Lage sein, die von beiden Parteien vorgebrachten Gründe sachlich und unbefangen zu prüfen und die bessere Darlegung zu erkennen. Fehlt es an dieser notwendigen Voraussetzung – was leider gar nicht so selten der Fall ist –, ist also der Richter unfähig oder voreingenommen, prüft er nicht nach der Sache, sondern nach der Person, dann allerdings braucht man sich über den Wert der Argumente keine Gedanken zu machen und muß seine Aufmerksamkeit nur darauf richten, wie man mit seinen Ausführungen die Bemäntelung der im übrigen willkürlichen Entscheidungen erleichtern oder erschweren kann.

Besteht eine solche richtende und entscheidende Stelle *nicht*, dann wird die Sache dadurch keineswegs einfacher. Die Gegner sind in diesem Falle darauf beschränkt, sich ihre Argumente gegenseitig zur Kenntnis zu bringen und es zu erreichen, daß der eine dem Standpunkt des anderen freiwillig beipflichtet. Wer das Leben kennt, weiß aber, daß diese ideale Bedingung nützlicher geistiger Auseinandersetzung, die edle Bereitschaft also, sich gegebenenfalls den besseren Gründen des Gegners zu fügen, in der rauhen Praxis fast niemals vorkommt. Das hat wiederum einen persönlichen und einen sachlichen Grund.

Was das Persönliche betrifft, so ist es jedem Menschen zugute zu halten, daß er hin und wieder recht behalten will. Das Bewußtsein, recht zu haben, ist vor dem Walten des Schicksals oft genug der letzte Trost und gewährt dem menschlichen Selbstgefühl auch im Unglück noch eine Stütze. Darum gesteht niemand gern ein, daß er auf dem Holzwege war. Vor allem verbieten das gesellschaftliche Prestige und die Zugehörigkeit zu einer Körperschaft oder Gruppe strikte ein solches Nachgeben. Man müßte sich sonst vor der eigenen Anhängerschaft den Standpunkt des Feindes zu eigen machen – eine unmögliche Situation.

Der ganze Parlamentarismus ist zwar auf dem idealen Postulat aufgebaut, daß sich die Vertreter des Volkes (nicht der Parteien!) gegenseitig durch gute Gründe vom Richtigen und Zweckmäßigen überzeugen und auf diese Weise dem vernünftigsten Vorschlag zur staatlichen Verwirklichung verhelfen sollen. Kann dieser Forderung aber jemals Genüge getan werden? In Wirklichkeit ist es Sache der Selbstachtung und der Fraktionsdisziplin, daß man an dem Standpunkt, den man einmal bezogen hat, unter allen Umständen festhält.

Schon aus Gründen dieser persönlichen, vom menschlichen Selbstgefühl her bestimmten Umstände wäre also ein Streit der Meinungen ganz aussichtslos und ohne Sinn, womit sich auch alle weiteren Ausführungen über die Kunst des Streitens erübrigten. Zum Glück besteht hier aber ein wirksames Korrektiv, mit dem gerechnet werden kann. Auch dort nämlich, wo eine entscheidende dritte Instanz offiziell nicht existiert, bildet sich etwas Ähnliches in anderer Weise heraus. Die Umstehenden nämlich, das Publikum, die Gesellschaft, die öffentliche Meinung oder wie man es sonst nennen will, sind immer in irgendeiner Form anwesend. Jeder Streitende muß im privaten wie im öffentlichen Bereich mit dem Bestehen dieser Instanz rechnen, die sich in Gestalt von Verwandtschaft oder Nachbarschaft, von Kollegen, Presse oder diplomatischem Corps präsentiert und beobachtend und mitunter auch eingreifend die Positionen der Streitenden beurteilt.

Mit diesem kollektiven Medium, auf dem sich der Wellenschlag des Argumentierens überhaupt erst entfalten kann, hat es aber eine schwierige Bewandtnis. Auch die erfahrensten Politiker und Publizisten sind in der Voraussage der Reaktionen des kollektiven Richters niemals sicher. Oft genug nimmt diese Macht überhaupt keine Notiz von den Siegen oder Niederlagen des Geistes. Der hellste Triumph bleibt unbeachtet oder wird umgehend vergessen. Dafür wird in anderen Fällen dem schäbigen Mittelmaß treue Verehrung zuteil. Träges Uninteresse verschlingt die Blitze, die aus dem Zusammenprall der Meinungen sprühen. Andererseits zünden plötzlich ganz unansehnliche Argumente und Formulierungen im Kollektiv der Geister, rufen Brände und Revolutionen hervor oder setzen sich im Gefilde der öffentlichen Meinung als zäher Rückstand fest, der alles spätere Vorwärtskommen unmöglich macht. Gunst und Verruf bleiben dann trotz aller Anstrengungen bestehen. Keine spätere Reue ändert sie mehr.

Für jeden, der zum Streit des Geistes sich anschickt, ist es daher unerläßlich, auf das Urteil der Gesamtheit zu achten. Er darf es damit keinesfalls leichtfertig verderben. Er muß ihm redlich nahen wie einer geheimnisvollen Gottheit.

Und da die Gegenwart oder Abwesenheit von Gottheiten ein schwieriges Problem für sich ist und der Mensch eine soziale Veranlagung besitzt, neigt er dazu, sich eine solche beobachtende und richtende Instanz selbst dann vorzustellen, wenn sie einmal ausnahmsweise ganz und gar nicht vorhanden sein sollte und der Streit sich wirklich nur ganz im geheimen abspielt. Dieser Umstand ist in vieler Hinsicht gleichbedeutend mit dem Bestehen einer allgemeinen Moral.

Der zweite Grund, weswegen der Streit mit Argumenten nur selten in wirklicher Reinheit gedeiht, ist sachlicher und gewissermaßen philosophischer Natur. Wenn man es unternimmt, jemanden mit Verstandesgründen von der Richtigkeit einer Ansicht zu überzeugen, dann ist für den Erfolg dieses Beginnens stillschweigende Voraussetzung, daß ein für beide Teile verbindlicher *Maßstab* der Wertung besteht. Ohne ein solches gemeinsames Wertgesetz ist jeder Streit sinnlos.

Angenommen den Fall, es fiele jemand unter einen weltfernen Stamm von Kannibalen, so könnte er sich niemals von dem Argument Erfolg versprechen, daß es schändlich sei, seine Mitmenschen zu verspeisen.

Gerade der Streit über weltanschauliche Probleme, der so häufig und beliebt ist, kann aber aus diesem Grunde niemals zu einem Erfolg führen, wenn die Parteien von vornherein in ihrer eigenen Auffassung so befangen sind, daß sie eine gemeinsame oder übergeordnete Grundlage der Wertung nicht anerkennen.

Aus dieser Erwägung resultiert die paradoxe Feststellung, daß man sich nur dann mit Nutzen und Genuß streiten kann, wenn man sich im übrigen, ohne dies vielleicht zu wissen oder auszusprechen, in grundlegender Weise einig ist. Erst dort, wo in der Anerkennung von Sitte, Bildung oder Erfahrung ein Gemeinsames besteht, kann sich ein löblicher Krieg der Meinungen entfalten.

Man muß daher, ehe man den Kampf beginnt, versuchen, den Gegner auf eine gemeinsame Basis und damit auf ein klares Ziel des Streitgesprächs festzulegen, um ihn dann unter ständigem, aufmerksamem Bezug auf dieses gemeinsam Anerkannte mit Beweisen zu überwinden.

Wenn man mit jemandem über die Richtigkeit von Wirtschaftssystemen debattiert, so finde man zunächst einen Wert, um den es geht und den auch der Gegner bejaht – etwa das Wohlergehen einer größtmöglichen Anzahl von Menschen, die hohe Produktivität, den technischen oder zivilisatorischen Fortschritt oder ähnliches. Dann weise man dem Gegner nach, daß seine Theorie zu diesem erstrebenswerten Ziel nicht so schnell und gut hinführe wie die eigene. Man lasse ihn aber nicht mit Finten, über die noch zu sprechen sein wird, auf andere Betrachtungsweisen ausbrechen, sondern halte ihn so lange bei dem einmal gewählten Ausgangspunkte fest, bis man ihn hier überwunden hat.

Man sei aufmerksam und habe ein gutes Gedächtnis für das, was der andere vorbringt. Der Gegner wird nämlich, wenn er in Bedrängnis geraten sollte, sich auf die Weise Luft zu schaffen suchen, daß er den ganzen Ausgangspunkt der Debatte anzweifelt oder über den Haufen wirft.

Diskutiert man also über Erziehungsfragen und hat man dem Opponenten endlich nachgewiesen, daß eine bestimmte Lehrmethode für die Bildung und den Wissenserwerb der Schüler förderlicher sei als die andere, so wird der Gegner schließlich sagen, es komme auf die Kenntnis letzten Endes auch gar nicht an – Gesundheit und Charakter seien viel wichtiger. Hier muß man energisch an das Thema des Streites erinnern und protestieren, wenn davon abgewichen wird.

Schlüssigkeit der Begründung und Qualität der Argumente

Die geistige Auseinandersetzung in ihrer echten und sozusagen idealen Gestalt findet in der Weise statt, daß jeder Beteiligte für seine Ansicht diejenigen Gründe vorträgt, die zu seinen Gunsten sprechen, und zugleich bemüht ist, die vom Gegner angeführten Gründe zu widerlegen.

Wie man seine Ansicht gut und treffend begründet, kann in Form einer allgemeinen Anleitung leider nicht gesagt werden. Was dazu im folgenden ausgeführt wird, vermag keine sichere Handhabe für alle denkbaren Einzelfälle zu bieten. Wer will, möge die Beweislehren studieren, die Bestandteil aller Lehrbücher der Logik sind. Er wird dort viel Nützliches über die Schlüssigkeit eines Beweises und die Vermeidung von Beweisfehlern ausgeführt finden: daß man auf direktem oder indirektem Wege, mit Tatsachen oder nach Wahrscheinlichkeit beweisen kann; daß die Grundlage des Beweises eine unumstößlich feststehende Tatsache sein muß und keine Behauptung, die ihrerseits erst des Beweises bedarf; daß man nicht im Wege eines Zirkelschlusses immer das eine aus dem anderen und das erste wieder aus dem letzten, daß man weder zuviel noch zuwenig beweisen soll; daß sich keine Lücke in der Beweiskette befinden darf, und anderes, was uns im folgenden bei der Erörterung der streitigen Entgegnung näher beschäftigen wird.

Was er aber sagen muß, um seinem Vorschlag, seiner Ansicht, seiner Kritik zum Erfolg zu verhelfen, weiß der Streitende damit noch nicht. Er *kann* es auch nicht wissen. Er muß genügend Vorstellungsgabe besitzen, um seinen Standpunkt jeweils von recht verschiedenen Seiten zu beleuchten und die mannigfaltigsten und besten Argumente zusammenzutragen. Auch die logischen Kategorien (Substanz, Quantität, Qualität, Beziehung, Zeit, Ort, Lage, Zustand, Tätigkeit, Erleiden) können hier nur Hinweise geben, die dann jeweils aus dem konkreten Fall heraus mit Sinn und Leben erfüllt werden müssen.

Im übrigen soll aber auch gar nicht der Eindruck erweckt werden, als ob es möglich sei, eine Anleitung für die durchschlagende Begründung einer *jeden* Ansicht zu geben. Denn es kommt bekanntlich auf den Standpunkt selber an, ob er Anerkennung finden kann oder nicht. Aus einer schlechten Sache ist bei einiger Aufmerksamkeit des Gegners auch mit viel Streitkunst kein Erfolg zu machen, und anderseits »trägt Verstand und rechter Sinn mit wenig Kunst sich selber vor«. Und selbst wenn man eine allgemeine Regel für diesen Zweck besäße, könnte man nicht prophezeien, welcher der mehreren Gründe, die meistens vorhanden sind, beim Gegner oder beim Publikum besser »ankommt« oder »einschlägt«. Hier ist durchaus nichts mit Sicherheit vorauszubestimmen. Alles ist Bewegung, Fluidum, Aura, Faszination, persönlicher Einfluß und persönliche Gestimmtheit. = Schauspieler?

Nur so viel läßt sich sagen, daß die besten Argumente immer diejenigen sind, die aus der genauesten Durchdenkung des Falles, aus der klarsten Kenntnis der Details und aus der Fähigkeit stammen, sich das, was getan werden soll, vorher in seinen konkreten Auswirkungen richtig vorzustellen. Im allgemeinen – der Satz wird sogleich zu einem Paradox in sich selbst –, im allgemeinen entscheidet beim Argumentieren das *Besondere.* Vieles, was aus allgemeinen Gründen ganz plausibel erscheint, muß Überlegungen weichen, die mehr auf die speziellen Umstände des Falles abgestellt sind. Wer die Konsequenzen seiner Meinung genau vorauszubestimmen weiß, bleibt Sieger gegenüber demjenigen, der nur mit generellen Erwägungen arbeitet.

Wenn zum Beispiel in einer Familie die Frage erörtert würde, ob man sich ein Auto zulegen solle oder nicht, dann mögen gewisse allgemeine Gründe (Unabhängigkeit von anderen Verkehrsmitteln, Schnelligkeit, Bequemlichkeit, Repräsentation) *für* die Anschaffung sprechen und, für sich gesehen, auch durchaus richtig sein. Den Ausschlag wird aber immer das Besondere des Falles geben, welches etwa darin bestehen könnte, daß der Vater den Wagen nicht täglich zum Dienst fahren kann oder will und daß für bloße Familienausflüge die Anschaffung nicht rentabel ist, weil z. B. die Kinder in wenigen Jahren der Familie entwachsen sein werden, oder weil man die Ausflugsziele auch ohne Wagen recht gut erreichen kann. Und weil das in anderen Fällen auch gilt, wird derjenige sich in der Diskussion am besten behaupten, der sich auf die Besonderheiten am genauesten eingestellt hat.

Der Laie, der Querulant, der Behördenschreck wird immer daran erkannt, daß er mit «allgemeinem Gerede» daherkommt. Seine Begründungen sind »Gemeinplätze« und liegen so weit vom konkreten Bezugspunkt ab, daß sie nicht mehr durchschlagen. Der Herr Bundeskanzler, so sagt er, habe doch neulich geäußert, daß jedermann im Staate sein Auskommen haben solle. Daraus folgert er, daß ihm das Finanzamt den erbetenen Lohnsteuerjahresausgleich trotz bestehender Bedenken genehmigen müsse.

Der gute Argumentierer bezieht sich auf konkrete, nahe und bei der Sache liegende Umstände. Und weil wiederum das konkreteste, sachlichste und genaueste unter allen Wissensobjekten die *Zahl* ist, darum erweist sich Zahlenmaterial als die solideste Begründungsart in allen modernen Debatten, und sei es auch nur deshalb, weil niemand so schnell imstande ist, vorgeführte Ziffernkolonnen zu widerlegen, und eine fromme Scheu den Menschen abhält, handtuchgroße Tabellen und Synopsen kurzerhand für unmaßgeblich zu erklären.

Aber auch abgesehen von Zahlen ist das Konkrete, Anschauliche – möglichst als Gegenstand selbst, also das Beweisstück, das Asservat, die An- und Beilage – in hervorragender Weise geeignet, Zweifler zu überzeugen und eine Behauptung zu erhärten. Das gilt vor allem für alle Arten des gerichtlichen oder sonstwie obrigkeitlichen Streites. Hier kommt hinzu, daß die Herren aus ihren Akten nicht viel von den Einzelheiten des Falles erkennen können und um so dankbarer sind, wenn ihnen jemand etwas zum Ansehen und Ausprobieren mitbringt. Lege also, wenn du es einrichten kannst, den richtenden Instanzen etwas vor, was dieser geheimen Neigung in sachlicher Weise entgegenkommt. Zeige ihnen Fotos, lasse ein Tonband laufen, führe sie hinaus an die Stelle, wo sich der Gestank der Lackfabrik so störend verbreitet, oder lege drei Stück von den Wechselstromschaltgeräten, um die es sich handelt, auf den Tisch und erläutere ihre Funktionsweise. Es wird die Träger der Entscheidungsgewalt erfreuen und sie deinen Darlegungen geneigter machen.

Natürlich darf man dabei die Gesetze der Logik nicht mißachten. Das übersah jener Mann, der dem Gericht zwei Handtücher zum Beweis dafür vorlegte, daß er außer diesen nichts von den Hausratsgegenständen besitze, die die Klägerin von ihm forderte. – Daß auch den Beweisen der Statistik gegenüber Vorsicht geboten ist, sagt eine alte Erfahrung.

Jeder bereite sich, so gut und eingehend er es vermag, auf das Streitgespräch vor. Er achte auf richtigen Aufbau, zeitliche und räumliche Stimmigkeit seiner Rede. Er betrachte seine Gründe kritisch vom Standpunkt seiner Gegner aus und mache sich nichts über den Erfolg vor, wenn schon ihm selbst die Sache faul erscheint.

Er bedenke auch, wie sich seine Gründe in der *Masse* der anderen Fälle ausnehmen mögen, die zur Entscheidung stehen, und frage, wenn er es nicht selbst übersehen kann, gerade zu diesem Punkte einen Kundigen. Mancher ging schon hoch ins Zeug, weil er glaubte, sein Argument sei das allererste und durchschlagendste auf diesem Gebiete, und war dann erschrocken, als sein Vorgang auf einem großen Haufen gleicher Fälle landete und seine Begründung nicht den geringsten Eindruck machte.

Die Möglichkeiten, gegnerische Argumente zu widerlegen

Leichter als zum Positiven leitet es sich zum Negativen an – eine bedauerliche Tatsache, die die Pädagogik seit jeher behindert und die sich auch an unserem Thema bestätigt. So schwierig es ist, Hinweise für eine gute und plausible Argumentation zu geben, so fließend spricht es sich über Methoden, wie man die Gründe anderer auseinandernehmen, zerzausen, vernebeln und zu Fall bringen kann. Davon soll nunmehr die Rede sein.

Der geneigte Leser mißverstehe dabei nicht unsere Absicht. Unsere Anleitungen müssen notwendigerweise in zweifacher Richtung erfolgen. Es müssen einerseits gewisse Praktiken und Manöver gezeigt werden, deren Anwendung beim Streiten von Nutzen ist. Es muß aber gleichzeitig empfohlen werden, diese Methoden beim Gegner keinesfalls zu dulden. Über die Doppelzüngigkeit dieses Vorgehens braucht kein Wort verloren zu werden. Jede Art der Auseinandersetzung – vom Fußballmeisterschaftsspiel bis zur Mieträumungsklage – besteht aber darin, daß jeder Kämpfer das Äußerste an Möglichem versucht und gleichzeitig gegen die Übergriffe des Gegners energisch protestiert – welcher Zwiespalt der Gesinnung nur dadurch behoben wird, daß es der andere ganz genauso macht.

Dabei ist die alte Rede von der »negativen Kritik«, der eine zu bevorzugende »positive Kritik« gegenübergestellt wird, im Grunde wenig berechtigt. Denn das *Entgegnen*, d. h. das Bekämpfen des gegnerischen Standpunktes, ist nicht grundsätzlich von der *Begründung* des eigenen Gegenvorbringens zu unterscheiden. Vieles kommt hier auf dasselbe hinaus. Richtunggebend für die Debatte und damit auch für die Entgegnung bestimmend bleibt in jedem Falle der ursprüngliche Vorschlag, die These. Wenn sich *A* für den Bau einer Straße einsetzt, dann kann die Gegenforderung nur lauten, daß die Straße *nicht* gebaut werden soll. Es zeigt sich dann aber, daß wirklich selbständige Gründe für diese negative Forderung kaum zu erbringen sind. Vielmehr wird die Begründung des ablehnenden Standpunkts mit der Kritik des von *A* vertretenen Vorschlags so gut wie identisch sein. *A* sagt z. B., die Straße fördere den Verkehr und rege Handel und Gewerbe an. *B* sagt nun, weil er die gute Absicht hat, etwas »Neues» vorzubringen und nicht nur die Begründung des *A* zu bestreiten, die Straße werde die Natur zerstören und Lärm und Gestank verbreiten. Das letztere ist aber im Grunde gar nichts Neues, sondern nur eine notwendige nachteilige Folge des positiven Vorschlags zum Straßenbau, die damit herausgestellt wird. Oder *B* entgegnet, man habe kein Geld. Dann ist jedoch auch das eigentlich kein eigenes »Gegenargument«, sondern nur das Bestreiten einer für den Straßenbau notwendigen Voraussetzung.

Ein wirklich eigener Standpunkt wäre nur so denkbar, daß *B* etwa den Vorschlag machte, die Straße zu einer anderen Zeit oder an einer anderen Stelle zu bauen. Eine solche »positive Kritik« ist aber nicht immer zu verlangen. Denn sie bedeutet schon ein Eingehen auf die grundsätzliche Forderung des *A*, daß überhaupt eine Straße gebaut werden müsse. Ob das sachlich gerechtfertigt ist, kann durchaus noch die Frage sein. Davon abgesehen, wird es allerdings in vielen Fällen taktisch klug sein, so zu verfahren. Vor dem Publikum wird derjenige, der immer nur die Anregungen anderer ablehnt, ohne »eigene Gegenvorschläge« zu bringen, in ein schlechtes Licht geraten. Man wird es also an solchen Gegenanregungen nicht fehlen lassen dürfen. Diese kann man wiederum mit Geschick so wählen, daß sie für den Gegner unannehmbar sind, so daß letzten Endes alles im bisherigen Zustand bleibt und der gegnerische Vorschlag abgelehnt wird.

Dialektisch ist es daher nicht zu beanstanden, wenn wir im folgenden hauptsächlich die Methoden behandeln, wie man gegnerische Gründe bekämpft. Auf welcher Seite Recht und Verstand sich befinden, ist durch die Reihenfolge des Vorbringens und die Begriffe »These«, »Antithese« oder »Zustimmung« und »Ablehnung« ohnehin nicht entschieden. Theoretisch kann der Kritiker in ebenso vielen Fällen im Recht sein wie derjenige, der die erste Behauptung aufstellt.

Auch ist zu bedenken, daß alle die im folgenden dargestellten Streittaktiken im Grunde genommen ihren guten logischen Sinn und ihre denkerische Berechtigung haben. Von dieser Erkenntnis darf der Umstand nicht ablenken, daß – wie alles Gute in der Welt – auch die dialektischen Figuren übertrieben und mißbraucht werden und dann allerdings als Mittel zu Betrug und Fälschung dienen können. Wir werden uns also bemühen – anders als die älteren Autoren, die hier immer nur von Kunstgriffen, Schlichen, Winkelzügen oder ähnlichem sprechen –, einerseits den guten Zweck der beobachteten Methoden sichtbar zu machen und zur gleichen Zeit auf die Möglichkeit ihres Mißbrauchs hinzuweisen.

Im übrigen wird aus der Kenntnis der Methoden, mit denen eine Argumentation *anzugreifen* ist, rückschließend wiederum Wesentliches für eine richtige und stichhaltige *Begründung* zu entnehmen sein.

Was tut man also, wenn der Gegner mit einem handfesten und einleuchtend klingenden Argument anrückt?

Das Bestreiten von Tatsachen

Die erste Möglichkeit besteht darin, daß man die *Tatsachen*, die der andere anführt oder zur Stützung seines Urteils verwendet, rundweg *bestreitet*. Man sagt, es stimme gar nicht, was da unterstellt werde – die Sache verhalte sich in Wirklichkeit ganz anders.

Diese Methode ist trotz ihrer Einfachheit geeignet, den Gegner von Grund auf zu konsternieren. Der schöne Angriffsschwung, der ihn beseelte, wird zunichte gemacht. Er muß sich um Beweise für Dinge bemühen, die in seinen Augen völlig offenkundig waren, und kommt mit den Schlußfolgerungen, um die es ihm eigentlich ging, zunächst nicht zum Zuge. Er sieht sich bereits im Vorfeld der gegnerischen Festung aufgehalten. Kein Zweifel, daß mit dieser Verteidigungsart im Guten wie im Bösen allerlei zu erreichen ist.

Dieser Gegenzug wird daher in erster Linie von den Herren Rechtsanwälten verwendet, die – zur höchsten Erbitterung gerichtsungewohnter Laien – an die Spitze jedes Schriftsatzes die Bemerkung stellen, daß das Vorbringen des Gegners rundweg bestritten werde. Dies geschieht in Ausnutzung der Notwendigkeit, daß dem Gericht alles Wesentliche bewiesen werden muß, mögen die Streitparteien selbst auch recht gut wissen, wie die Dinge vor sich gegangen sind. Beweise aber gelingen nicht immer. Die Zeugen erinnern sich an nichts mehr oder werden unsicher. Der geschriebene Brief ist auf unerklärliche Weise weggekommen. Die Narben sind inzwischen verheilt, und das kranke Pferd ist weiterverkauft. Mit diesen üblen Zufällen rechnet die schnöde berufsmäßige Verteidigungskunst und setzt demgemäß bereits an diesem Punkt mit ihrer Abwehr ein.

Segensreich andererseits wirkt diese Art, wenn etwa ein die Finanzen verwaltender Familienvater oder eine mit den gleichen Aufgaben betraute Behörde oder Abteilung die ausschweifenden Etatwünsche der anderen auf das rechte Maß zurückzuführen die Pflicht hat. Hier bestreitet der Finanzminister klüglich, daß der angemeldete Bedarf überhaupt vorhanden sei und die geschilderten Mißstände überhaupt bestünden, ehe er sich über die Schwierigkeiten der Finanzierung oder die Vordringlichkeit anderer Objekte ausläßt. Er sagt also, die alte Turnhalle reiche noch jahrelang aus, die bisherige Besoldung genüge vollständig, das vorjährige Kleid und der entsprechende Hut seien so nett, daß man sich überhaupt nichts Besseres dafür denken könne. Die Praxis zeigt oft, daß, wenn man auf die einzelnen Tatsachen wirklich genau zu sprechen kommt, die Gründe der Bittsteller ins Wanken geraten, und sei es auch nur in der Weise, daß sich ein zeitlicher Aufschub damit begründen läßt. Denn es ist ja leider meistens richtig, daß es bisher auch ohne die zu bewilligenden Mittel irgendwie »gegangen« ist. Und zu beweisen, daß es in Zukunft keinesfalls mehr so weitergehen könne, ist fast unmöglich. Wenn hier der Bittsteller nicht das oben Gesagte beachtet und sich um die Beschaffung möglichst anschaulicher Beweisstücke bemüht hat, wird er einen schweren Stand haben. Das hat aber insofern wieder sein Gutes, als dadurch alle diejenigen zurechtgewiesen werden, die, ohne sich um Sparsamkeit oder bessere Lösungen zu bemühen, bei allen Schwierigkeiten nur den Ruf nach mehr Geld erheben.

Auch sonst ist es gut, bei Kontroversen den Tatbeständen mit der nötigen Genauigkeit auf den Grund zu gehen. Vieles anspruchsvolle Wesen, das mit höchst weltanschaulicher Verbrämung und sehr grundsätzlichen Schlußfolgerungen dahergerauscht kommt, fällt sang- und klanglos in sich zusammen, wenn jemand energisch an die tatbestandlichen Fundamente klopft. Dazu ist, wie gesagt, der mutige Zweifel an der Richtigkeit dessen notwendig, was der andere zum Ausgangspunkt seiner Erwägungen genommen hat.

In der Hand frecher Rabauken hingegen bildet diese Streitmethode eine böse Gefahr. Wenn du bei solchen Leuten an der Wohnungstür erscheinst, um dich über den Radiolärm zu beschweren, dann schalten sie vorher das Gerät aus und erklären, bei ihnen sei kein Lärm gewesen. Ihr Hund hat das Kind nicht gebissen. Ihr Sohn hat die Scheibe nicht zerschlagen. Ihre Flugzeuge waren es nicht, die die Grenze überflogen. Die Soldaten, die den Zwischenfall verursachten, waren »Banditen in gestohlenen Uniformen«. Der redliche Beschwerdeführer muß sich nun um die Beweise bemühen. Er gerät in Zorn über die Gemeinheit des anderen und gebraucht harte Ausdrücke, die ihn selbst ins Unrecht setzen. Und obendrein macht die Ruhe, mit der der Beschuldigte leugnet, beim gutgläubigen Teil des Publikums auch noch Eindruck.

Natürlich wird sich der Erfahrene vor solchem Ausgang zu hüten wissen. Er sucht seine Beweise vorher zusammen, sagt aber nicht, daß er sie schon in der Tasche hat. Der Lügner legt sich wie immer dreist aufs Bestreiten. Er wird mit den nun freundlich hervorgebrachten Beweisen überführt und hat sich die nun eintretende Pleite selbst zuzuschreiben.

Daß neben dem vollständigen Bestreiten auch das *teilweise* Bestreiten von Nutzen sein kann, bedarf keiner Ausführung. Der Disputator benutzt diese Möglichkeit gern, um sich durch das gewissenhafte Zerpflücken des feindlichen Vorbringens den Anschein eines besonders genauen und rechtschaffenen Menschen zu geben, dem es unter allen Umständen auf sachliche Klarstellung ankommt. Und da in jeder Behauptung und erst recht in jeder Schlußfolgerung ein wenig Schiefheit oder Übertreibung zu finden sein wird, bringt die entschlossene Ergreifung dieser Möglichkeit auch in schwierigen Fällen Entlastung. Näheres hierzu wird später ausgeführt werden, wenn von der Taktik des Unterscheidens und Zergliederns die Rede ist.

Auch das Bestreiten von wesentlichen Tatsachen ist aber noch eine verhältnismäßig einfache Art, sich geistig zur Wehr zu setzen. Komplizierter sind die folgenden Methoden, die dazu bestimmt sind, die Folgerungen aus den an sich unbestrittenen Fakten zu entkräften oder einzuschränken.

Von der größten logischen Bedeutung und damit auch für Gegenstand und Methode des Streitens von grundlegender Wichtigkeit ist hier zunächst die Frage der *Kausalität*, die Frage also nach den Ursachen und Wirkungen eines Geschehens. Die tiefsten Probleme in Philosophie, Religion, Geschichte oder Naturwissenschaft sowie sämtliche Fragen des öffentlichen Lebens bis hinunter zu den häuslichen Streitpunkten, wer wieder im Keller das Licht brennen ließ und warum das Essen noch nicht fertig ist, beziehen sich auf die einwandfreie Klärung des ursächlichen Zusammenhangs. Weil dem aber so ist, darum entspinnen sich gerade bei der Erörterung der Kausalität die erbittertsten geistigen Gefechte. Denn leider liegen die Dinge hier wie auch sonst nicht so einfach. Wenn der Schluß von der Wirkung auf die Ursache und umgekehrt so leicht wäre, brauchte man nicht darüber zu streiten. Da aber in Wirklichkeit die kausalen Fäden verborgen liegen, da sie überdeckt von einer Menge anderer Vorgänge sind, da die ursächlichen Bedingungen im Laufe ihrer Wirksamkeit bis zur Folge hin oftmals unterbrochen, beiseite gedrängt oder von stärkeren Wirkungen überlagert und überholt werden, gehört die angeblich so simple Frage der Kausalität zu den hervorragendsten geistigen Strapazen.

In der Praxis kommt noch hinzu, daß es bei der Feststellung des einfachen Ursache-Wirkung-Zusammenhangs meist nicht so bleibt, sondern daß die weitere Frage, ob man diesen Zusammenhang von vornherein oder zu gegebener Zeit erkennen mußte und ob es ein Verschulden war, ihn nicht erkannt zu haben, sich an die erstere Ermittlung unmittelbar anschließt und zu dem eigentlichen Kernpunkt des Streites hinführt: zum Vorwurf, zum Nachweis der Schuld als der Voraussetzung wiederum für Strafe, Rache oder Beleidigtsein. Bleiben wir bei dem einfachen häuslichen Streitpunkt, warum das Kellerlicht die ganze Nacht hindurch brannte und wer daran schuld ist. Die Untersuchung ergibt folgendes:

Dieter (9) hat das Kellerlicht brennen lassen, als er um 18 Uhr für Mutter ein Glas Eingemachtes holte. Irene (12) hat das Licht um 18.30 Uhr brennend vorgefunden, als sie ihr Rad zurückbrachte. Sie hat sich nicht für verpflichtet gehalten auszuschalten, zumal der Keller offenstand und sie meinte, es sei da noch jemand beschäftigt. Ralph (17) wiederum hätte, als er abends vom Tischtennisturnier kam, von außen sehen müssen, daß im Keller Licht brannte, hat aber nichts bemerkt. Hinzu kommt, daß Mutter – nach Vaters Ansicht – viel zuwenig Ermahnungen an die Kinder gibt, daß sie auf das Kellerlicht achten sollen und somit mittelbar an dem Mißstand die Hauptschuld trägt, abgesehen von der Unzuverlässigkeit und Flatterhaftigkeit der Kinder, die wiederum in Kino, Fernsehen, Lektüre und im pädagogischen Versagen der Schulen ihre Ursachen haben. Wodurch wurde letzten Endes bewirkt, daß das Kellerlicht die Nacht über gebrannt hat?

Läßt sich aber schon bei solchen verhältnismäßig einfachen Sachverhalten nicht eindeutig feststellen, welche Ursachen für einen schädlichen Erfolg wirklich entscheidend waren, so ist dies bei komplizierten und komplexen Tatbeständen erst recht schwierig und ein Grund dafür, daß des Streitens um solche Fragen kein Ende ist. Wie soll man z. B. sagen, wer die Schuld am Ausbruch eines Krieges oder am Niedergang einer Kultur oder am Auftreten einer Wirtschaftskrise trägt? Hier sind die Kausalketten in einer Weise verworren, verflochten und überlagert, daß auch Fachleute *die* einzig entscheidende Ursache, auf die es ankommt, nicht so leicht herausfinden. Nur die »terribles simplificateurs« erweisen ihre Schrecklichkeit daran, daß sie zunächst einmal unter Nichtbeachtung alles übrigen *ihre* Erklärung des kausalen Ablaufs bei der Hand haben, womit der wesentlichste Schritt zu einer ebenso einfachen oder auch hanebüchenen Therapie der Zustände getan ist.

Für die Methodik des Streitens ist die klare Einsicht in das Kausalproblem von größter Bedeutung. Überall dort, wo jemand gegen einen Vorwurf oder die Feststellung eines Verschuldens verteidigt werden soll, wird der Fürsprecher zunächst bestrebt sein, die Anklage insoweit zu Fall zu bringen, als diese behauptet, der Beschuldigte habe durch sein Verhalten die entscheidende Ursache zu dem Endübel gesetzt. Dies bewirkt der Verteidiger, wenn schon eine kausale Verknüpfung unumstößlich feststeht, auf jeden Fall dadurch, daß er fernere Ursachen des Geschehens nachweist oder weitere Kausalverbindungen aufzeigt, die die betreffende *eine* Ursache zuletzt als eine unter vielen und damit als nicht entscheidend erscheinen lassen.

Ist jemand auf Schadenersatz verklagt, weil er eine alte Dame mit dem Fahrrad umgefahren und ihr dadurch Verletzungen beigebracht hat, so wird der tüchtige Anwalt etwa folgende Momente zur Entlastung seines Klienten anführen: Die Dame könne von jeher schlecht sehen, habe aber, obwohl sie im Straßenverkehr unsicher sei, gegen dringende Mahnungen immer wieder allein die Straße betreten – die Straße sei abschüssig oder unübersichtlich oder zur Unfallzeit übermäßig glatt gewesen – ein vorbeifahrendes Auto habe dem Radfahrer die Sicht genommen – der Radfahrer selbst sei durch dieses oder jenes Mißgeschick verstört und in seiner Aufmerksamkeit beeinträchtigt gewesen – ferner hätten die Schmerzen und Beschwerden der Verletzten ihre Ursache nicht nur in dem Unfall, sondern in einer langjährigen Spondylose, welche sich auch ohne den Unfall von Jahr zu Jahr verschlimmert hätte – im übrigen habe der Arzt bei der Behandlung der Verletzten einen Kunstfehler begangen und die Folgen dadurch seinerseits verschlimmert. Erweisen sich alle diese weiteren Ursachen als gegeben, dann erscheint die durch das Verschulden des Radfahrers gesetzte Ursache notwendigerweise als weniger bedeutsam, womit, wie gewünscht, eine mildere Beurteilung des Falles eintritt.

Mag diese Art der Verteidigung im juristischen Rahmen noch in gewissen Grenzen bleiben und auf feste Beurteilungsregeln stoßen, die aus den verschiedenen nachweisbaren Ursachen die rechtlich entscheidenden herausfinden lassen, so ist bei anderen Streitigkeiten diese Entgegnungsart von nicht zu übersehender Wirkung, weil sie den Streitstoff auf alle möglichen fernliegenden Dinge ausdehnt und »vom Hundertsten ins Tausendste» führt. Die »Ausrede«, sofern sie nicht mit der Lüge gleichzusetzen ist und einfach Tatsachen behauptet, die nicht wahr sind, hat gerade darin ihre Eigenart. Sie holt zur Entlastung eines behaupteten Kausalverlaufs Gründe heran, die eben wegen ihrer weiten Entfernung vom Sachverhalt nicht mehr überzeugen können. Der Ankläger muß diesem Bestreben entgegentreten, indem er den wesentlichen Ursachenzusammenhang deutlich hervorhebt und die durchaus nicht sensationelle, sondern allgemein bekannte Tatsache, daß jede Wirkung auf mehreren näheren oder ferneren Ursachen beruht, in das rechte Maß ihrer Bedeutung zurücksetzt.

Die Klärung der Kausalfrage hat aber noch weitere Schwierigkeiten. Es gibt z. B. Fälle, in denen ein kausaler Zusammenhang in Wirklichkeit gar nicht besteht, auf Grund äußerlicher Merkmale aber leicht angenommen werden kann. Zwei Ereignisse folgen dann zwar im zeitlichen Ablauf aufeinander. Sie stehen deshalb aber nicht im Verhältnis von Ursache und Wirkung. Es ist dies die altbekannte logische Figur des *post hoc ergo propter hoc* (danach, also deswegen). Aller Aberglaube beruht auf der ungeprüften, rein gefühlsmäßigen Annahme eines Kausalverlaufs, wo in Wirklichkeit nur die zufällige zeitliche Aufeinanderfolge von Geschehnissen festzustellen ist. Jemandem ist eine Katze über den Weg gelaufen. Noch am selben Tag trifft ihn ein Unglück. Also ist die Katze die Ursache des Unglücks. – Ein Komet erscheint am Himmel. Später gibt es Krieg. Also ist der Krieg durch den Kometen verursacht worden. – Ebenso liegt es aber in Geschichte, Wirtschaft und Politik nahe, aufeinanderfolgende Ereignisse als kausalverbunden zu betrachten. Nur genaue Prüfung und mutiger Zweifel bewahren vor diesem Fehlschluß.

Oft genug kommt es sogar vor, daß dieselben Ereignisse, die nach der einen Ansicht Ursache und Wirkung bilden, nach anderer Auffassung einander entgegenwirken, so daß sie nicht mit »weil«, sondern mit »obwohl« in Beziehung gesetzt werden müßten. Es klingt unglaubhaft, daß dem menschlichen Scharfsinn eine so fundamentale Unsicherheit der Beurteilung anhaften soll. Und doch gibt es in der landläufigen Debatte eine ganze Menge Themen, bei denen um Ursache oder Gegenursache endlos gestritten wird.

Da wird behauptet, *weil* jemand in seiner Jugend ausreichende Prügel bezogen habe, sei er nun ein ehrlicher, aufrechter Mann geworden. Die moderne Pädagogik wird energisch widersprechen: *Obwohl* jener mißhandelt worden sei, habe er sich zu seinem Glück noch gesund entwickeln können.

Weil er täglich seine Pfeife Tabak geraucht habe, sei er so alt geworden, erklärt ein Neunzigjähriger. *Trotz* dieser Nikotinverseuchung sei das geschehen, sagen die Temperenzler.

Der Kommunismus in Rußland sei die Ursache, daß die Sowjetunion jetzt eine der stärksten Weltmächte sei, wird von den einen behauptet. Die anderen sagen, daß Rußland trotz des Kommunismus seine jetzige Stellung erlangt habe und ohne diesen noch viel weiter sein könnte.

Diese Doppelsinnigkeit der kausalen Beurteilung hat vor allem in kultureller Beziehung große Verwirrung angerichtet.

Es scheint, als ob die moderne Geistigkeit eine besondere Freude daran fände, solche Gegensätze aufzutun, durch die eine bisher unangefochtene Ansicht plötzlich umgestoßen und der bisherige Unsinn zum Sinn wird. Immer läßt sich eine solche Umwertung auf ein Bestreiten des bisher gesehenen Kausalzusammenhangs zurückführen, meist in dem Sinne, daß die bisher angenommene wohltätige Wirkung einer Lehre oder Lebensauffassung als übel hingestellt wird.

Religiöse Zucht, moralisches Denken, humane Gesinnung seien gut für die Entwicklung der Menschheit, hatte es vorher geheißen. Im Gegenteil, sagten die Neuerer, diese Eigenschaften bringen die Menschheit herunter, und der Herrenmensch, die biologische Kraft und Wildheit sind das Erstrebenswerte. Grausame Leibesstrafen und die Todesstrafe schrecken künftige Verbrecher ab und sind daher heilsam für die Gesamtheit, war die alte Ansicht. Die neuere Betrachtung fand, daß solche Strafen im Gegenteil die eigentlichen Verbrecher nicht abschrecken und auf die übrigen Menschen noch verrohend wirken.

Diese Richtungslosigkeit könnte an der Funktion des menschlichen Verstandes verzweifeln machen, wenn nicht zugleich die Gegenkräfte sichtbar würden, die Sinn und Maß wiederherstellen. An dem letzten Beispiel wird nämlich deutlich, wie dem Dilemma, das aus den widersprechenden Kausalfeststellungen entsteht, beizukommen ist. Zunächst fällt auf, daß solche Unklarheiten der Beurteilung hauptsächlich bei sehr summarischen und komplexen Aussagen auftreten, wogegen bei der Beurteilung engerer, konkreterer Tatbestände mehr Sicherheit herrscht. Das Mittel, um die sich widersprechenden Allgemeinurteile gegeneinander abzuwägen und den Dingen auf den Grund zu kommen, besteht daher im Vorgang des Unterscheidens, des Zergliederns oder der Distinktion, der denn auch in der Redekunst älterer Zeiten eine wichtige Rolle spielte und der auch unabhängig von der Frage der Kausalität als Streittaktik zu beachten ist.

Handelt es sich also darum, ob der Tabakgenuß eine Ursache des hohen Alters oder eine Gegenursache gegen dieses ist, so kann man allein mit den beiden, gleichermaßen ganz plausibel klingenden Sätzen das Problem nicht lösen. Man muß vielmehr die allgemeine Feststellung auseinandernehmen, teilen und zergliedern und zu ergründen suchen, welche speziellen Wirkungen der »Tabak«, d. h. nämlich das Nikotin und die anderen im Tabak enthaltenen Bestandteile, auf den menschlichen Körper und in diesem wieder auf die einzelnen Organe haben, ferner ob der vieldeutige Begriff des »Altwerdens« etwas mit der Funktion der betreffenden Organe und der Wirkung der Tabakstoffe zu tun haben könnte. Das Ergebnis wird hier wie bei anderen Beispielen sein, daß einerseits in gewissen Beziehungen und auf gewisse Einzelergebnisse beschränkt zwar eine kausale Wirkung wahrzunehmen ist, daß aber andererseits bei anderen Teilbereichen die entgegengesetzte Wirkung eintritt.

Was das Beispiel der Todesstrafe anbelangt, so stellt es sich bei näherer Betrachtung heraus, daß eine abschreckende Wirkung durchaus besteht. Jedoch tritt sie hauptsächlich bei denjenigen redlichen und feinfühligen Bürgern ein, die ohnehin keine Verbrechen begangen hätten, während sie dem abgebrühten Gewohnheitsverbrecher gegenüber, von dem vor allem künftige Straftaten zu erwarten sind, weitgehend versagt, hier viellleicht sogar abstumpfend und verrohend wirkt. Alles wiederum bis zu einem gewissen Grade, wobei die nähere Untersuchung wieder neue Unterscheidungen erkennen läßt. Das ganze Problem gewinnt durch diese Betrachtungsweise an Umfang und Tiefe und zeigt in sich wieder eine ganze Landschaft von Einzelfragen, die der gewissenhaften Untersuchung harren.

Im alltäglichen Disput wird die Notwendigkeit des Unterscheidens meist mit den Worten »das kommt darauf an ...« bezeichnet. Diese Floskel ist einerseits dafür bekannt, daß sie als billige Ausflucht für Leute dient, die sich nicht festlegen wollen. Sie hat andererseits ihre unangefochtene Berechtigung dort, wo man mit ganz allgemeinen Erwägungen nicht zum Ergebnis kommt. So gibt es eine Art von mehr oder weniger scherzhaften »Gewissensfragen«, auf die man gar nicht anders als mit Hilfe dieser Redensart antworten kann. Wenn man etwa sagen soll, ob man morgens im Zweifelsfall lieber zu spät oder lieber unrasiert zum Dienst erscheinen würde, so kann man sich vernünftigerweise nur aufs Unterscheiden verlegen und sagen: Das kommt darauf an. Darauf nämlich, was man an dem betreffenden Tage vorhat und welche Möglichkeit demnach als das kleiner Übel erscheint.

Ebenso ist mit der Zergliederungstaktik allein der Schwierigkeit beizukommen, daß alle menschlichen Begriffe, Feststellungen und Regeln notwendigerweise relativ und von begrenzter Verwendbarkeit sind. Man muß also jedes noch so richtige Urteil mit Einschränkungen verstehen. Daraus ergibt sich die Möglichkeit zu überraschendem, teilweise geistvollem, teilweise auch billigem Widerspruch. – Kühe sind nützliche Tiere. Gewiß. Aber nicht, wenn sie in fremde Krautfelder einbrechen. – Die Wirkung der humanistischen Erziehung ist förderlich. Aber nicht für den, der sprachlich völlig unbegabt ist.

Im allgemeinen wird allerdings die Wirkung des Teilens und Unterscheidens in der Debatte eher als unerfreulich empfunden. Die menschliche Trägheit wehrt sich gegen die Komplizierung der Probleme, die dadurch eintritt. An die Stelle der brillanten Sentenzen und der angenehm zu überschauenden großen Linien tritt ein farbloser Haufen sachlicher Feststellungen, die meist nicht weit reichen und mit denen nicht viel Staat zu machen ist. Der schöne Streit zerfließt in kleine

Rinnsale. Die Fronten verwischen sich. Der um die Wahrheit bemühte Streiter hat nach den Worten des Dichters »die Teile in seiner Hand. Fehlt, leider! nur das geistige Band.« (Goethe, Faust I). Aller Spott und Schimpf, der auf eine pedantische, theoretisierende Wissenschaft gehäuft wird, entstammt zum großen Teil dem Zorn und der Enttäuschung über die Bosheit der Gelehrten, wenn sie die angeblich klaren und einleuchtenden Urteile des harmlosen Debattierers so lange zerlegen und zerschnitzeln, bis nichts Verwendbares mehr davon übrigbleibt.

Um so mehr muß der geschulte Geistesstreiter gegen diesen sehr gebräuchlichen und wirksamen Zug gewappnet sein. Er kommt ihm dadurch zuvor, daß er seine eigenen Feststellungen so vorsichtig trifft und mit so viel Einzelbeobachtungen untermauert, daß das Zergliedern durch den Gegner nichts Neues mehr zutage bringt. (In der oft verlästerten wissenschaftlichen Darstellungsweise geschieht dieses »Vorbauen« etwas schematisch dadurch, daß jeder Satz durch Hilfsworte wie »meist«, »insoweit«, »im allgemeinen«, »oft«, »gegebenenfalls« vorsichtig gemacht und in seiner Geltung von vornherein weise eingeschränkt wird. Daß dabei im Ergebnis nicht allzuviel erreicht wird, ist leider ebenso klar und im Grunde ein Tatbestand höheren Humors; denn diejenigen Sätze, die mit rigoroser und daher anfechtbarer Einseitigkeit formuliert sind, erweisen sich, da sie infolge dieser Eigenschaft gut im Gedächtnis haften, als geisteswirksam und beständig. Die ängstliche und umständliche Formulierung der Wissenschaft dagegen wird, da sie nicht eingängig genug ist, schnell wieder vergessen, so daß sie trotz ihrer sachlichen Redlichkeit ohne rechte Publikumswirkung bleibt.

Trotzdem ist als positives Ergebnis festzuhalten, daß die genaue vorherige Durchdenkung, insbesondere die Prüfung der Kausalität, und die Feststellung, mit welchen Einschränkungen diese wirksam ist, dazu angetan sind, eine Aussage fundiert, sachlich und stichhaltig zu machen. Wenn dabei gewisse allgemeine Feststellungen wie »Die Frauen sind unlogisch« oder »Die Deutschen vergessen leicht« oder »Wer niemals einen Rausch gehabt, der ist kein braver Mann« bei näherem Hinsehen unter den Tisch fallen, so ist es darum nicht weiter schade.

Dabei mache sich der Diskutierer aber bewußt, daß auch der Unterscheidungs- und Zergliederungstaktik Grenzen gesetzt sind.

Wehren muß man sich gegen eine gewisse läppische oder frivole Besserwisserei, die das Unterscheiden ausnutzt, um selbstverständliche Einschränkungen und Ausnahmefälle in aufdringlicher Weise hervorzuheben. Wenn jemand sagte, der letzte Krieg sei ein großes Unglück gewesen, dann wäre es recht unangebracht, mit dem Hinweis zu widersprechen, daß durch die Zerstörung vieler Städte der Weg für eine großzügige Bauplanung frei geworden ist. Denn diese für ein begrenztes Fachgebiet zutreffende Feststellung kann gegenüber der schwerwiegenden ersten Aussage nicht ins Gewicht fallen.

Es gibt ferner eine notwendige allgemeine und überschauende Betrachtungsweise, deren Richtigkeit man nicht an Einzelfällen, sondern wiederum nur an großen Zusammenhängen und Ergebnissen messen muß. Auch diese großlinige Denkart gehört zu den legalen Mitteln des forschenden Geistes. Den so gewonnenen Feststellungen aus Prinzip mit Unterscheiden und Zergliedern begegnen zu wollen, führt genauso in die Irre wie die voreilige Billigung allgemeiner Schlüsse.

Man kann also kulturhistorische Erkenntnisse allgemeiner Art, wie etwa die Nietzsches oder Spenglers, nicht dadurch widerlegen wollen, daß man sie an willkürlichen Einzelerscheinungen, wie an der Entwicklung der Brotpreise in einer bestimmten Gegend oder am künstlerischen Wert der Gebrauchsmöbelfertigung in einem einzelnen Landesteil nachprüft. Denn solch begrenzte Feststellungen gelangen überhaupt nicht auf diejenige Ebene, von der aus der Philosoph erst zu denken und zu arbeiten anfing.

Vor allem auf moralischem Gebiet ist es wichtig, sich dieser Bewandtnis im Streite bewußt zu bleiben. Hier ist eine gewisse allgemeine Betrachtungsweise überhaupt erst in der Lage, den ethischen Grundsatz zu vertreten und zu verteidigen. Dagegen führt die Zergliederung zur Auflösung aller festen Prinzipien, weshalb sie gegenüber rechtlich-moralischen Vorwürfen mit Vorliebe als Mittel der streitbaren Verteidigung dient. Würde man z. B. sagen, daß die Art, wie sich nach 1933 Presse und Journalistik in den Dienst der Gewaltherrschaft gestellt haben, schändlich gewesen sei, so kann es gegen diese Feststellung im Grunde keinen begründeten Einwand geben. Wer hier dennoch verteidigen will, der muß – ähnlich wie der griechische Philosoph Zenon es in dem Beispiel von Achilles und der Schildkröte tat – den Gesamtvorgang in einzelne Phasen zerlegen und von da aus weiter argumentieren. Er würde also einen einzelnen Angehörigen des Berufes ins Auge fassen, würde dann feststellen, wie sich dieser nach einigem Widerstreben zum Eintritt in die Reichsschrifttumskammer bewogen gefühlt habe – wie er dann vor der Frage gestanden habe, ob er überhaupt weiterschreiben oder schweigen solle – wie er dieses und jenes Werk mit Zutaten versehen mußte, um es drucken lassen zu können – wie er im einen Falle mit den Wölfen heulen mußte, um dafür in einem anderen Falle noch etwas sagen zu dürfen – und jedesmal wird die einzelne Handlung gerade noch vertretbar, keinesfalls aber völlig unverständlich oder verwerflich sein. Und wo – das scheint nun wieder die Logik zu lehren – die *einzelnen* Tatbestände nicht schlecht gewesen sind, da kann die Summe der Tatbestände auch nicht zu verurteilen sein.

Auf die gleiche Weise kann man den Werdegang eines Verbrechers von Stufe zu Stufe einleuchtend und begreiflich machen. Denn auch die Straftat, mag sie im ganzen gesehen noch so widerwärtig sein, ist zu verstehen, wenn sie in ihre einzelnen Schritte, Ursachen und Begleitumstände zerlegt wird. Eine Fülle von Antrieben und Motiven wird dann sichtbar, von denen bei geschickter Interpretation wiederum die Mehrzahl üblich, wenn nicht sogar lobenswert erscheint und nur eine Minderheit zu mißbilligen ist, so daß, wenn man nun nach dem demokratischen Mehrheitsprinzip vorgeht, die Tat überwiegend aus guten Motiven zu erklären ist und ein Grund zur Bestrafung eigentlich überhaupt nicht mehr besteht. Alles verstehen heißt bekanntlich alles verzeihen, und wer in solchen Fällen richten muß, der sei vor dieser Argumentation auf der Hut.

Zu bemerken ist, daß sich die Taktik des Auflösens und Zergliederns in gewisser Weise durch die Methode der Regel-Ausnahme-Verwendung und durch die Hervorhebung der Vorteilsschwäche oder des Mangelvorteils vervollständigt, worüber später näher die Rede sein soll. Wie denn überhaupt die verschiedenen Streitfiguren gegeneinander nicht immer scharf zu trennen sind, sondern oft gleichzeitig und mit nur graduellen Unterschieden zur Anwendung gelangen.

Vergleichen

Als nächste Methode des Angreifens einer gegnerischen Behauptung oder Folgerung ist die zu nennen, die der feindlichen Position mit Hilfe von geeigneten Parallelfällen beizukommen sucht. Es wird damit nachgewiesen, daß in einem anderen gleichen oder ähnlichen Sachverhalt anders verfahren oder ein anderes Ergebnis erzielt worden sei und daß infolgedessen auch im strittigen Fall dementsprechend verfahren werden müsse. Der erste Blick auf diese Methode zeigt schon, daß ihr gegenüber Vorsicht am Platze ist; denn im Grunde findet durch sie ein Ausweichen vom eigentlichen Streitsachverhalt auf andere Fälle statt, was immer voraussetzt, daß zu dem ersten Tatbestand offenbar nichts Wesentliches mehr zu sagen ist. Trotzdem darf die Berechtigung dieser Betrachtungsweise nicht verkannt werden.

Was dahinter steht, ist die bedeutsame Forderung, daß gleiche Fälle in gleicher Weise zu behandeln sind – eine philosophisch grundlegende Auffassung, um deren Warum und Wie man prinzipiell ins Unendliche diskutieren könnte. Alles Recht und alle Moral ruhen auf diesem Postulat, durch das sich der Mensch die Ordnung schafft und dem Chaos widerstreitet. Selbstverständlich stößt aber dieser Grundsatz in der Wirklichkeit überall auf Schwierigkeiten; denn unsere ganze Welt ist ihrerseits dadurch gekennzeichnet, daß die Dinge einander nirgends und zu keiner Stunde völlig gleich sind. Das gilt sowohl von den sichtbaren Gegenständen wie Steinen, Pflanzen, Tieren, Menschen als insbesondere von den abstrakten Dingen wie den Geschehnissen, Situationen, Charakteren, Voraussetzungen oder Tatbeständen. Kein Wunder also, daß sich das Argument der Gleichbehandlung in seinen verschiedenen Formen der größten Beliebtheit erfreut und andererseits wie kein anderes zum Widerspruch herausfordert. Was damit in Gang gesetzt wird, ist die hochbedeutsame Denkform des *Vergleichens* mit dem naheliegenden, fast immer begründeten Einwand, daß der Vergleich hinke, und der ebenso naheliegenden Entgegnung, daß ein Vergleich ja seinem Wesen nach nicht in allen Punkten zu stimmen brauche, daß es vielmehr genüge, wenn in der Hauptsache Übereinstimmung oder besser gesagt, der erforderliche Grad von Ähnlichkeit bestehe.

Wie bemerkt, gründet sich insonderheit alles *rechtliche* und moralische Argumentieren vielfach auf diese Streitfigur. Die grundsätzliche Forderung lautet, daß gleiche Tatbestände gleich entschieden werden müssen, wenn dem Ideal der Gerechtigkeit Genüge getan sein soll. Alle Menschen, die gestohlen haben, sollen also mit Gefängnis bestraft werden. Einwand dagegen: soll der, welcher in ein Haus einbricht und dort Schmuck und Wertsachen stiehlt, wirklich genauso bestraft werden, wie einer, der zwei Bananen vom Obststand stiehlt, um seinen Hunger zu stillen? Natürlich nicht, sagt die Gerechtigkeit und auch die Gerichtsbarkeit. Der erste soll ins Zuchthaus kommen, der andere nur in Haft. Hier wie auch in anderen Punkten werden Differenzen vom Grundsatz der Gleichbehandlung anerkannt.

Andererseits: soll etwa ein Dieb, der verheiratet ist und sechs unmündige Kinder hat, deswegen anders bestraft werden als ein anderer Dieb, der ledig ist? Hier ist das Strafrecht allenfalls noch bereit, durch Zubilligung von »mildernden Umständen« der Verschiedenheit der Situation Rechnung zu tragen. Jedoch werden in solchem Falle schon die Grenzen sichtbar, über die hinaus das Argument der Ungleichheit (als notwendige Umkehrung des Arguments der Gleichheit) nicht weiter Erfolg haben kann. Ob der eine Dieb etwa ein Ausländer, der andere ein Einheimischer, ob der eine von kräftiger, der andere von schwächlicher Körperbeschaffenheit ist, kann als Unterscheidung nicht mehr in Betracht kommen.

Aber nicht nur im Recht, sondern auch in allen anderen Wissenschaften ist das Auffinden richtiger und die Ausschaltung falscher Parallelen der wichtigste Grundvorgang, aus dem heraus neue Erkenntnisse gewonnen werden. Das *Experiment* in seiner ganzen Anwendbarkeit und Verbreitung ist nichts anderes als die Schaffung der Möglichkeit, aus Parallelfällen Schlüsse auf andere, unbekannte Zusammenhänge zu ziehen. Die streithafte Debatte wird anschließend immer darum gehen, ob die gewählte Parallele zum Vergleich und zur Herstellung des Analogieschlusses wirklich geeignet ist. Ein Hund, ein Affe mögen (innerhalb der wiederum genauestens festzustellenden Grenzen) geeignet sein, als Versuchsgeschöpfe die Voraussetzungen für die Weltraumtüchtigkeit des Menschen festzustellen – ein Frosch, ein Käfer aber nicht.

Aus den angeführten Beispielen geht schon hervor, wie vorsichtig diese Denkfigur gehandhabt werden muß und wie sehr man sich der Grenzen bewußt bleiben sollte, die ihr notwendigerweise gesetzt sind. In der flachen Wirklichkeit ist von dieser Vorsicht natürlich wenig zu bemerken, und so kommt es, daß in der Unterhaltung des gemeinen und auch des gebildeten Mannes mit keinem Argument so viel »gekannegießert« wird wie mit der Heranziehung angeblich zutreffender Parallelen.

Was die Leute z. B. wenn sie von Krankheiten reden, an volkstümlichen Erkenntnissen auffinden, rührt meistens aus der Erwägung her, daß es bei Frau X und Herrn Y, als es denen genauso ging, besser oder schlimmer wurde und daß es also im Falle Z wieder so werden müsse. – Ein anderer, dessen Antrag von der Behörde abgelehnt wurde, hat mit Hilfe ratgebender Bekannter sogleich eine Reihe von angeblich gleichgelagerten Fällen bei der Hand, in denen die Behörde zugunsten der Antragsteller entschieden hat. Warum also bei ihm nicht?

Leider ist aber die richtige und vollständige Darlegung von Rechts- und Krankenfällen eine Kunst für sich, die selbst der Fachmann nicht immer beherrscht. Wenn auch nur eine kleine Einzelheit, die der Berichtende für ganz nebensächlich hält, unterschlagen wird, muß das Ergebnis aus gutem Grunde ein ganz anderes sein.

Im volkstümlichen Streit um Rechtsdinge beschränkt sich der Einwand der Parallele zudem meist auf die einfache Bemerkung: andere haben das auch getan. So gebräuchlich dieser schnelle Einwand ist, sowenig ist er bei genauer Nachprüfung zu halten. Denn wenn es um Gut und Böse geht, kann dem Vorwurf, daß eine Handlung verwerflich gewesen sei, nicht mit dem Hinweis begegnet werden, daß andere ebenfalls übel gehandelt haben. Auch hier gibt es aber wiederum Grenzfälle. Wenn ein Stück Wiese oder Feld seit Jahr und Tag von den anliegenden Bewohnern auf einem Trampelweg überschritten wird, dann wird derjenige, der eines schönen Tages plötzlich vom Gendarmen aufgeschrieben wird, mit einigem Recht auf die vielen anderen Fälle der Übertretung verweisen, die eine gewisse Gewohnheit hergestellt und damit die Grenze zum Unrecht ohne Verschulden des einzelnen verwischt haben.

Ergebnis also: Man muß in der Diskussion imstande sein, die vom Gegner vertretene Meinung durch Betrachtung von geeigneten Parallelfällen zu durchleuchten, zu kritisieren und zu anderen Tatbeständen ins rechte Verhältnis zu setzen. Man muß umgekehrt diesen Einwand dann zurückweisen, wenn die zitierten Vergleichsfälle in so wesentlichen Punkten vom Haupttatbestand abweichen, daß sie für die Debatte ohne Aufschluß sind.

Der Hinweis auf das eigene Verhalten des Gegners

Die Hervorhebung von Parallelen hat im Streite dann eine noch weitergehende Bedeutung und besondere Wirkung, wenn sich dieses Argument auf die eigene Handlungsweise des Gegners bezieht. Hier wird durch den Gebrauch dieser Figur zugleich der Vorwurf erhoben, der andere sei nicht konsequent und letzten Endes nicht ehrlich, weil er gewisse Grundsätze nur für andere gelten lasse, sie aber in eigener Person nicht zu beachten bereit sei.

Einem Staate etwa, der die materialistische Weltanschauung vertritt und die Bürger fremder Länder fortwährend zur Kritik an den dort bestehenden ökonomischen Verhältnissen aufruft, kann man es mit Recht zum Vorwurf machen, wenn er von seinen eigenen Einwohnern jahrzehntelang Idealismus, Aufbauwillen, Uneigennützigkeit und gesteigerte staatsbürgerliche Tugenden verlangt, durch die die Unzulänglichkeiten der eigenen Wirtschaft überwunden werden sollen.

Wie schon bemerkt, bleibt es dem so kritisierten Gegner nur übrig, den Nachweis zu führen, daß die Inkonsequenz, die ihm vorgeworfen wird, auf der Verschiedenartigkeit der Tatbestände beruhe, die der Kritiker übersehen oder zu Parallelfällen umgedeutet habe. Von hier aus liegt es nahe, zu Fälschungen seine Zuflucht zu nehmen. Daher besteht eine der im propagandistischen Kampfe üblichen Finten darin, daß die Unterschiede, die der Gleichbehandlung angeblich entgegenstehen, erst künstlich geschaffen und zu Unrecht behauptet werden. Die grobe Form dieser Weigerung, eine für andere verbindliche Rechts- oder Moralregel für die eigene Person anzuerkennen, wird durch den bekannten Vers gekennzeichnet:

»Da war der Spruch Herrn Alexanders:
Ja, Bauer, das ist ganz was anders!«

So primitiv und angreifbar diese Entgegnung theoretisch erscheint, so verbreitet ist sie doch im rauhen Leben. Und wenn sie, wie üblich, mit der dreist angewendeten Macht im Bunde steht, ist ihre Wirkung doppelt häßlich, weil sie einer offenen Verhöhnung des Schwächeren gleichkommt.

Umgekehrt soll nicht übersehen werden, daß auch der auf die Person des Gegners bezogene Einwand der Gleichbehandlung mit Geschick und Frechheit mißbraucht werden kann. Es kann z. B. sehr darauf ankommen, ob eine Handlung, die man vom anderen fordert, eigentlich von Rechts wegen zu erfolgen hat oder nicht. Wenn etwa ein Hausbesitzer die Gewohnheit hätte, vor seinem Haus den Fußsteig zu kehren, obwohl dies laut Ortsgesetz gar nicht seine Pflicht ist, dann könnte er in einem einzelnen Falle, in dem er das Kehren vergessen hätte, nicht aus moralischen Gründen getadelt und schon gar nicht rechtlich haftbar gemacht werden. – Es gibt auch viele Gemütsmenschen, die sich von anderen Leuten, wie etwa Eltern, Ehegatten, Wirtsleuten, alle möglichen Dienstleistungen kostenlos erbringen lassen, in den Fällen aber, in denen diese Gefälligkeiten einmal unterbleiben, die unverschämteste Kritik üben. Auch hier wird das Argument der gleichen Behandlung gleicher Fälle zu Unrecht verwendet; denn wer freiwillig und gefälligkeitshalber etwas tut, ist deshalb keinesfalls zu immerwährender gewissenhafter Wiederholung dieser guten Taten verpflichtet.

Die Retourkutsche

Eine besondere Abart dieses Einwandes ist endlich die sogenannte »Retourkutsche«. Auch durch sie soll dem Gegner nachgewiesen werden, daß er für seine eigene Person die Befolgung eben derjenigen Grundsätze vergessen hat, die er dem anderen gerade vorzuhalten im Begriffe steht. Dies geschieht aber in formelhafter Vereinfachung so, daß die Worte des Gegners kurzerhand zurückgeworfen und die von ihm getroffenen Feststellungen, mit den Worten »selbst« oder »eigen« versehen, nunmehr gegen ihn gerichtet werden. (Passen Sie doch auf Ihre eigenen Kinder auf! – Sie machen selbst den meisten Lärm! – Kehren Sie vor Ihrer eigenen Tür! – Sie haben es nötig! – Gerade Sie!)

Diese Technik ist, wie schon die abfällige Bezeichnung beweist, recht unbeliebt. Das hat seinen Grund darin, daß es sich bei ihr um ein auf seine Art abscheuliches Kampfmittel handelt, das nicht nur sehr billig zu handhaben ist, sondern vor allem der Entfaltung des rechten, ausgiebigen, seelenbefreienden Krachs von vornherein häßlich im Wege steht. In der gehobenen Diskussion wird die Retourkutsche daher nur selten vorkommen. Wenn jedoch in einem gewöhnlichen Haus- oder Ehekrach der Angegriffene alle abträglichen Behauptungen stur zurückgibt, dann beeinträchtigt das den Kampfgeist des Aggressors ganz wesentlich. Mag auch die Lautstärke zunächst mächtig zunehmen, weil diese Taktik dazu verführt, daß beide

Partner zugleich loslegen und sich zu überschreien suchen, so wird doch die Thematik des Streites damit so eingeengt, daß die Auseinandersetzung bei entsprechender Hartnäckigkeit beider Kombattanten nur mit einem trüben Remis enden kann.

Letzteres hat aber wiederum einen tieferen und positiven Grund, den man bei aller Bejahung eines fröhlichen Geisteskampfes nicht übersehen darf. Es ist leider so, daß ein Mensch nur selten diejenige sittliche Größe besitzt, die es ihm gestatten würde, seine Zeitgenossen mit voller Berechtigung zu tadeln und zu belehren. Statt dessen wird häufig ein Teil der Vorwürfe, die er den anderen machen möchte, an ihm selber hängenbleiben. Die absolut reine Weste ist eine sehr seltene Erscheinung auf der dunklen Erde. Das gilt nicht nur für den einzelnen, sondern mehr noch für Personengesamtheiten wie Gruppen, Parteien, Völker und Religionsgemeinschaften, in deren komplexer Existenz immer einige schwarze Schafe und einzelne Punkte des Vorwurfs zu finden sein werden. (Wiederum ist auch hier zu beachten, was zum Regel-Ausnahme-Problem noch auszuführen sein wird.) Fest steht jedenfalls, daß einer, der den Knüttel des Streites gegen andere aufhebt, mit Entgegnungen zu seiner eigenen Person und zu seinem eigenen Verhalten rechnen muß. Woraus der alte Satz resultiert, daß, wer im Glashaus sitzt, nicht mit Steinen werfen soll, und ferner die Erkenntnis, daß auch geistige Feldzüge, wenn sie gelingen sollen, einer gewissen Vorbereitung bedürfen, in der die Absicherung des Angriffs gegen billige Riposten überlegt werden muß.

Das Fatale ist nur hier wie anderswo, daß die Beherzigung dieses Satzes, d. h. also die ehrliche, selbstkritische Beurteilung der Situation einschließlich der eigenen Unzulänglichkeit, nur bei solchen Personen anzutreffen ist, die das entsprechende geistige und menschliche Niveau haben und die daher ohnehin nicht zu den streitverursachenden Großmäulern und Störenfrieden zählen. Die anderen aber, die Rabauken und wilden Propagandisten, sehen entweder ihre eigenen Fehler überhaupt nicht, oder sie setzen sich bewußt über alle möglichen Einwände hinweg, indem sie – möglichst unter weltanschaulicher Bemäntelung – den alten Spruch Herrn Alexanders mit der größten Unverfrorenheit wiederholen.

Solchen Leuten gegenüber scheue man sich nicht, der Wahrheit gemäß zu entgegnen, auch wenn diese Wahrheit durch Umkehrung des Argumentes genauso lauten sollte wie die gegnerische Lüge. Wenn man sich hier aus purer Streitästhetik davon abhalten läßt, das, was gut und richtig ist, so deutlich und so oft wie notwendig auszusprechen, schadet man seiner Sache und ermutigt den Gegner zu immer neuen Übergriffen. Am Ende sieht es dann so aus, als ob an dessen Behauptungen tatsächlich etwas Wahres sein müsse, weil der Betroffene so wenig darauf zu erwidern hat. Die Retourkutsche sei so oft verwendet, wie es im sachlichen Interesse erforderlich ist.

Die Argumente ad maiorem, ad minorem, e contrario

Eine Form des Argumentierens, die mit der Betrachtung und dem Vergleich von ähnlichen Fällen eng zusammenhängt, ist die, vom übergeordneten oder untergeordneten Tatbestand im Wege der Verstärkung oder Abschwächung auf den streitigen Fall zu schließen oder aus dem anderweitig erwiesenen Gegenteil die richtige Behandlung des Streitfalles abzuleiten. Man spricht vom *argumentum ad maiorem* oder *ad minorem* (Beweis zum Höheren oder zum Geringeren hin) oder vom *argumentum e contrario* (Beweis aus dem Gegenteil). Besser als alle Definitionen besagen die dabei verwendeten Worte »um so mehr«, »um so weniger« oder »dann aber andererseits«, worum es geht.

Wie schon bei der vorher beschriebenen Streitfigur bewegt sich der diskutierende Geist auch hier außerhalb des ganz eindeutigen, evidenten Beweises auf dem unsicheren Boden der Analogie- und Wahrscheinlichkeitsschlüsse. Daher sind Widersprüche gegen diese Art des Folgerns öfter zu erwarten und Mißbräuche entsprechend häufig. Denn es hängt von vielerlei Einzelheiten ab, ob das argumentum ad maiorem oder ad minorem wirklich anzuerkennen ist.

Sicher ist z. B., daß ein Wagen, der schon bei 50 km/st zu klappern anfängt, erst recht bei 120 km/st klappern wird, und daß eine Brücke, die ein großes Gewicht aushält, um so weniger bei geringerer Belastung einstürzen wird.

Ist von einem Angestellten bekannt, daß seine Kleidung und seine Schreibtischkästen stets unordentlich sind, dann ist mit einiger Sicherheit der Schluß gerechtfertigt, daß der Mann »erst recht« bei der Ordnung und Organisation größerer Dinge, etwa als verantwortlicher Leiter der Buchhaltung, versagen würde.

Umgekehrt kann von jemandem, der sich in Krieg oder anderen Gefahren tapfer und umsichtig gezeigt hat, erwartet werden, daß er in kleineren Dingen, etwa im täglichen Dienst als Polizeibeamter, ebenfalls und um so eher Mut und Entschlossenheit zeigen werde.

Aber ganz so sicher ist die Beweisführung in den letzteren Fällen schon nicht mehr. Der menschliche Charakter ist von Natur so voller Widersprüche, daß sich die Verhaltensweisen nicht immer sicher vom Wichtigen zum Unwichtigen und umgekehrt berechnen lassen.

Wer daher etwa sagen wollte, daß ein Mann, der sich schon zu Hause mit seiner Frau nicht vertrage, »erst recht« im Betrieb kein ordentlicher und verträglicher Arbeiter sein werde, könnte sehr danebentreffen. Die Situationen, die hier verglichen werden, sind nicht vergleichbar. Es kann stimmen, was gesagt wurde, es braucht aber nicht so zu sein.

Ebenso falsch wäre es zu erklären: ein Staat, der seinen Einwohnern nicht genügend Textilien und Lebensmittel bereitzustellen in der Lage ist, kann »erst recht« militärisch und wissenschaftlich nichts leisten. Das Gegenteil ist bewiesen, wie man weiß. Aber auch der umgekehrte Schluß: *weil* ein Staat im Bau von Erdsatelliten und Raketen Großes vollbracht habe, sei ihm ohne weiteres zuzutrauen, daß er auch den Wohlstand seiner Bürger verwirklichen werde, ist keineswegs gerechtferigt.

Vollends wird die Sache beim Beweis aus dem Gegenteil schwierig. Denn die Feststellung, *was* eigentlich als Gegenteil des betreffenden Ausgangspunktes zu gelten hat, ist oft eine Frage für sich.

Wenn irgendwo verboten ist, daß am Sonntag nach 18 Uhr alkoholische Getränke verkauft werden, dann ist aus dieser Vorschrift im Umkehrschluß zu folgern, daß alkoholische Getränke an Sonntagen *vor* 18 Uhr und an Werktagen ohne zeitliche Beschränkung verkauft werden dürfen. Auch dürfte erlaubt sein, an Sonntagen nach 18 Uhr alkohol*freie* Getränke zu verkaufen. Nicht aber dürfte man als Gegenteil zu dem Wort »verkaufen« folgern, daß der kosten*lose* Ausschank alkoholischer Getränke an Sonntagen nach 18 Uhr statthaft sei.

Ebensowenig kann etwa angenommen werden, daß an Stellen, wo »das Anlehnen von Fahrrädern verboten« ist, das Anlehnen von Motorrädern erlaubt sei.

Nur das Zurückgehen auf den Sinn und Zweck des Gesetzes oder Grundsatzes kann derartige Fehlschlüsse in der Art des Urteils gegen den »Kaufmann von Venedig«* verhüten, wobei zuzugeben ist, daß diese Fälle keine so bedeutende Rolle spielen, wie es die logische Interessantheit vermuten läßt.

---

* Dem Juden Shylock wird vom Richter gestattet, sich – wie es der Vertrag bestimmte – »ein Pfund Fleisch« aus dem Körper des lebenden Schuldners zu schneiden. Jedoch dürfe Shylock, so lautete der angeblich berechtigte Umkehrschluß, dem Schuldner keinen Tropfen *Blut* nehmen.

Um den gegnerischen Thesen beizukommen, muß man sie auf ihre Qualität hin prüfen. Man muß ihre »Stichhaltigkeit« zu erkennen suchen. Dies wiederum hat unter verschiedenen Gesichtspunkten zu geschehen, von denen einige bereits angeführt wurden. Das rechtzeitige Wissen um diese Ansatzmöglichkeiten, ihre geistige Präsenz und Einsatzbereitschaft, sind das Entscheidende bei der Kunst der Diskussion. Es folgen noch mehrere dieser formalen Handhaben, deren Ausfüllung mit den jeweiligen für den konkreten Streitfall geeigneten Bezügen allerdings Sache des Diskutierenden selbst und seine unübertragbare geistige Leistung bleibt.

Die Allgemeinverbindlichkeit des Arguments

Ein sehr wichtiger Gesichtspunkt bei der Prüfung eines Arguments ist der, ob die vom Gegner vertretene These, sein Vorschlag oder seine Handlungsweise Allgemeinverbindlichkeit besitzen oder allgemeine Anwendbarkeit gestatten. Es ist mit anderen Worten nichts Geringeres als die Problematik des kategorischen Imperativs, die hier ganz ohne Rücksicht auf die Bedeutsamkeit des Streites angegangen werden muß – die Frage, ob das Planen oder Wollen des anderen »jederzeit zugleich als Prinzip einer allgemeinen Gesetzgebung gelten« könnte. Die Unstimmigkeiten, die sich durch diese Betrachtung im Verhalten des Gegners feststellen lassen, müssen ihm vorgehalten werden und bilden eine wichtige Waffe gegen ihn. Im Grunde ist diese Beurteilungsweise die konsequente Weiterführung desjenigen Streitprinzips, das in den vorigen Kapiteln behandelt wurde. War dort geprüft worden, wie in ähnlich gelagerten Parallelfällen zu verfahren sei, so stellt sich nunmehr die Frage, wie sich eine Erweiterung der gegnerischen These auf *alle* denkbaren und in Betracht kommenden Fälle auswirken würde. Wir sind gewohnt, an diesem Kriterium die ethischen und moralischen Qualitäten eines Wollens und Verhaltens zu erkennen – ungeachtet der Tatsache, daß neben dieser allgemeinbezüglichen Betrachtungsweise immer auch die andere ihre Berechtigung hat, die den Einzelfall auf seine eigenen, ihm selbst innewohnenden Verhaltensregeln hin untersucht. Nicht immer ist die absolute Allgemeinverbindlichkeit eines Vorschlags Voraussetzung, um zu einem praktisch brauchbaren und vernünftigen Ergebnis zu gelangen. Nicht immer ist die Prüfung auf dieses Merkmal hin überhaupt sinnvoll.

Um mit dem Regelfall zu beginnen: Jemand ertappt einen fremden Jungen beim Obststehlen. Er hält es für sein gutes Recht, den Dieb auf frischer Tat zu verprügeln. Er muß sich aber entgegenhalten lassen, daß sein Verhalten zu mißbilligen sei; denn wenn in allen Fällen so verfahren würde, wären Willkür und Roheit die Folgen.

Ferner: Viele Hausbesitzer haben das dem Seelenzustand des modernen Menschen entsprechende Bedürfnis, ihre Grundstücke mit einer möglichst hohen Mauer oder den gleichermaßen beliebten Sichtschutzmatten zu umgeben. Die Gemeindeverwaltung wird demgegenüber fragen müssen, wie wohl in Zukunft die Straßen aussehen sollten, wenn *alle* Grundstücke in dieser Weise umhegt würden. Daraus ergibt sich die richtige Folgerung, daß dem einzelnen Eigentümer ein solches Verhalten nicht gestattet werden kann.

Auch in der politischen Debatte, z. B. über die Frage der Atombewaffnung eines Staates, kann es wesentlich sein, sich zu vergegenwärtigen, was eine allgemeine Durchführung dieser Maßnahme durch alle anderen Staaten für Folgen haben würde. Möglicherweise macht diese Konsequenz den Schritt des einzelnen Landes sinnlos, so daß genau zu überlegen ist, ob eine solche Entscheidung richtig ist.

Auf der anderen Seite ist aber zu beachten, daß der Einwand der mangelnden Allgemeingültigkeit sehr oft eine Ausflucht von Bürokraten und solchen Leuten ist, die vor jeder mutigen und originellen Regelung zurückschrecken. Die Entscheidung wird dann mit Absicht erschwert und »verbedeutsamt«. Aus jeder Sache wird »eine Staatsaktion gemacht«, und die Redensart »Wenn da nun alle kämen!« wird zu einer Barriere gegen die Menschlichkeit.

Das Dilemma, welches hier in Erscheinung tritt, gehört zu den tiefsten Problemen der Menschheit und hat in Literatur und Dramatik den Stoff zu den größten Schöpfungen gegeben. Das ganze heikle Verhältnis des Menschen zum Gesetz wird daraus ersichtlich. Das Problem wäre kein Problem, wenn es dazu eine einfache Lösung für den Hausgebrauch gäbe. Auch für unsere Darlegung kann also nur gesagt werden, daß jeder neue Fall für sich geprüft und entschieden werden muß.

Kehren wir zu einem alltäglichen Beispiel zurück. Ein Mann kommt zu seinem Chef und bittet um einen Tag bezahlten Sonderurlaub, da seine Tante, die ihm seit längerer Zeit den Haushalt versorgt habe, gestorben sei. Der Chef runzelt die Stirn und wendet ein, daß der Tarifvertrag nur bei Todesfällen von Eltern, Geschwistern und Ehegatten das Recht auf Sonderurlaub gewährleiste. Und müßten nicht, wenn man hier einmal abweiche, bei Vettern, Stiefgeschwistern, Schwagern und Schwägerinnen die gleichen Konsequenzen zu ziehen sein? Und würde das dann etwa auch für Krankheitsfälle, Eheschließungen oder Entbindungen dieser Personen gelten? Wo käme man da hin?

Wie man sieht, wird hier der Grundsatz der Allgemeingültigkeit bereits zu sehr strapaziert. Der Fall, den der Mann vorbringt, ist doch offensichtlich und seiner erkennbaren Natur nach ein Sonderfall. Eine Ausdehnung der vertraglichen Wohltat auf eine unbestimmte Anzahl anderer Fälle ist also nicht zu befürchten. Der Tatbestand kann ruhig seinem Ausnahmecharakter entsprechend durch eine Ausnahmeregelung entschieden werden.

Die weiteren Einwendungen des Vorgesetzten jedoch, welche die Ausdehnung des Prinzips 1. auf andere Verwandte und 2. auf andere Familienereignisse betreffen, sind bereits von der Taktik des Ad-Absurdum-Führens bestimmt, die anschließend besprochen werden soll. Sie »gehören nicht zur Sache«, weil von einer so weiten Handhabung gar nicht die Rede ist und weil auch nicht befürchtet zu werden braucht, daß durch die gewünschte Ausnahmeentscheidung eine so fatale Verallgemeinerung verursacht werden könnte.

Dem Manne des Rechts, der sich grundsätzlich und ohne Überlegung der geschilderten Streitfigur bedient, muß erwidert werden, daß die Ausnahme von jeher ihre eigene Daseinsberechtigung neben der Regel hatte und daß es übrigens neben dem Recht von alters her die Gnade gibt. Ob diese anzuwenden ist oder nicht, muß immer ein weiterer Punkt der Prüfung und Überlegung außerhalb der kategorialen Betrachtung sein.

Eine willkürliche Ausdehnung des Allgemeingültigkeitsprinzips führt im übrigen genauso zum höheren Unsinn wie jede andere Übertreibung.

Man kann einer Frau, die einen etwas auffallenden Hut kaufen will, nicht mit dem Einwand begegnen, wie es denn aussehen solle, wenn alle Frauen diesen Hut trügen. Das ist eben nicht der Fall und ist auch mit Bestimmtheit nicht zu erwarten. Der gekaufte Hut ist und bleibt ein Sonderexemplar und muß als solches beurteilt werden.

Und wenn ein verdienter Mann im Staate durch eine Ehrengabe oder in anderer Weise ausgezeichnet werden soll, dann ist es simpelhaft, hiergegen mit dem Hinweis zu opponieren, daß Verdienste großer Männer in vielen anderen Fällen auch nicht gewürdigt worden seien und daß man ins Uferlose käme, wenn man jedem Würdigen etwas Derartiges zukommen lassen wollte.

Auch wer die Vergünstigungen, die im Rahmen einer dienstlichen oder sozialen Stufenleiter dem Höhergestellten nun einmal gewährt werden, mit dem Satz »Warum nicht für alle?« ablehnt, gerät auf diesen dialektischen Irrweg, wobei die Frage nach der Allgemeinverbindlichkeit sich von selbst in das Problem Gleichheit - Ungleichheit abwandelt, zu dem noch vieles Grundsätzliche zu sagen wäre. Da es sich aber bei den genannten Beispielen dem Wesen nach immer um Ausnahmen handelt, ist es unsinnig, mit der Unterstellung zu arbeiten, daß die Ausnahme jemals zur Regel- und Massenerscheinung und die Ungleichheit jemals in völlige Gleichheit umgewandelt werden könnte.

Festzuhalten ist, daß fast jede rechtliche und moralische Debatte mit Notwendigkeit in das Denkgeleise des kategorischen Prinzips gerät, so daß die Kenntnis dieser Figur beim Streiten von großer Wichtigkeit ist. Jeder Diskussionspartner sollte sich auf die Situationen, die hier entstehen können, vorbereiten und sich die Folgerungen im voraus genau überlegen.

Das gilt im weiteren Sinne für viele Situationen, bei denen der einzelne einer staatlichen oder anderen übergeordneten Instanz mit einem Anliegen gegenübertritt. Es ist hier aus den genannten Gründen immer günstig, ein Ausnahmefall zu sein. Nur die Ausnahmesituation rechtfertigt ein Abweichen von der gesetzlichen Norm. Man bemühe sich also immer, seine Sache so darzustellen, daß das Besondere des Falles zutage tritt, und erleichtere so dem Ordnungshüter die Erfüllung der vorgetragenen Bitte.

Umgekehrt soll ein Chef die Allgemeinbedeutsamkeit seiner Entscheidung, sofern eine solche besteht, dem Bittsteller offen erläutern und sich nicht hinter der Autorität und dem Das-verstehn-Sie-nicht-Standpunkt verschanzen. Vielmehr bitte er den Mann – eine auch sonst im Streit gut wirkende

Formulierung -, sich doch freundlichst einmal in seine Lage zu versetzen und ihm zu sagen, wie *er* an seiner Stelle entscheiden würde.

Die Wirkung der Summierung

Mit dem Problem der Allgemeinverbindlichkeit hängt eng zusammen und ist von diesem nur in der Akzentuierung unterschieden die Erkenntnis, daß eine an sich richtige oder unbedenkliche Einzelhandlung dann in ihrer Bedeutung und ihren Konsequenzen verändert wird, wenn sie zur Mengenerscheinung wird. Man kann einerseits den Satz »Einmal ist keinmal« vertreten, wenn man die Vereinzelung des Tatbestandes betonen will. Andererseits muß rechtzeitig auf die Folgen der Summierung hingewiesen werden, wenn eine solche in Aussicht steht.

Gelegenheit zur Anwendung dieser Regel ist häufig in Etatfragen des täglichen Lebens gegeben. Hier wird dem Verdiener üblicher Durchschnittseinkommen von allen möglichen Werbungen plausibel gemacht, daß er sich dieses oder jenes einmal leisten könne, ohne seine Finanzlage zu gefährden: eine Illustrierte, einen Kinobesuch, ein Bier, eine Zigarre, eine Taxe oder einen neuen Hut. Jede dieser Anregungen ist, für sich allein betrachtet, gefahrlos zu befolgen. Rein logisch – und das ist das Bedenkliche bei der Sache – ist dagegen gar nichts einzuwenden. Dennoch führt diese Argumentation zu Fehlbeurteilungen. Sobald der Unglückliche, der diesen Einflüsterungen ausgesetzt ist, einmal das Prinzip verläßt, ist er meistens ruiniert. Er hat über der Schlüssigkeit des Einzelfalles vergessen, daß bei entsprechenden anderen Gelegenheiten mit der gleichen Begründung auch schon Lockerungen des Prinzips bewirkt wurden, so daß vielleicht gerade die eine weitere Freiheit, die er sich gestattet, das Defizit verursacht.

Während diese Erscheinung in Haushaltfragen noch einigermaßen bekannt ist und hier nur leider die Fähigkeit zur Einsicht nicht immer verbunden ist mit der selteneren »Fähigkeit, dieser Einsicht gemäß zu handeln«, wird sie in anderen Fällen oft vergessen. Dies geschieht etwa dann, wenn es sich um die Beurteilung des beruflichen Pflichtenkreises eines Menschen handelt. Hier wird einzelnen Beschäftigten, zumal wenn sie sich ehrgeizig und anstellig zeigen, von gedankenlosen Organisatoren allmählich eine Obliegenheit nach der anderen aufgepackt, ohne das Gesamtvolumen zu bedenken, mit welchem der Betreffende belastet ist. Steht dann in einer Arbeitsgerichts- oder Strafverhandlung das berufliche Versagen eines solchen Mannes zur Entscheidung, durch das irgendein Schaden verursacht wurde, so wird recht schnell argumentiert, daß die in Frage stehende *eine* Pflicht – etwa die Nachprüfung einer Auszahlung, die Kontrolle einer Kasse, die Beaufsichtigung eines Untergebenen – dem Betreffenden noch ohne weiteres zumutbar gewesen sei. Der Beschuldigte wendet ein, er sei aber völlig überlastet gewesen. Nun – sagt man dann –, das möge schon stimmen, aber diese eine kleine Aufgabe, täglich einmal eine Stichprobe zu machen, hätte jedenfalls noch erfüllt werden können. Wenn das Gericht hier nicht sehr genau prüft und sehr besonnen urteilt, geschieht ein Unrecht. Denn die fortwährende Summierung an sich unbedeutender und leicht zu bewältigender Obliegenheiten kann sehr wohl ein Faktor sein, der zu einer Überlastung im ganzen führt und den man also zugunsten des Angeschuldigten berücksichtigen muß.

Besondere Bedeutung besitzt das Argument der Summierung bei allen Fragen der moralischen Angemessenheit und Zumutbarkeit. Es gehört an sich zu den unausgesprochenen sozialen Pflichten des Menschen, daß er vereinzelte Unannehmlichkeiten und Belästigungen, die von anderen Menschen ausgehen, übersieht und erträgt. Man soll sich wegen solcher einzelner, für sich allein geringfügiger Vorfälle nicht aufregen und den Staat und die Öffentlichkeit deswegen nicht anrufen. Sofern sich jedoch die Beschwerdefälle häufen, bildet ebendieses summierte Auftreten ein zusätzliches gewichtiges Argument für sich, welches unter dem Motto »Jetzt aber genug!« oder »Bis hierher und nicht weiter!« in die Debatte geworfen werden kann. Es gehört darum zur klugen Vorbereitung einer Auseinandersetzung, sich dieses Trumpfes zu versichern und, ehe der Streit beginnt, einiges an gegnerischen Übergriffen zusammenkommen zu lassen. Dadurch wird dem Gegner die Möglichkeit genommen, die Vorfälle zu bagatellisieren. Das Argument der Summierung bewegt sich insoweit auf ähnlichen gedanklichen Bahnen wie die Regel-Ausnahme-Figur, von der später noch zu sprechen ist.

Daß umgekehrt der Summierungshinweis von geschickten Leuten mißbraucht werden kann, indem zum Beispiel die Fülle der beruflichen Lasten überbetont und die Zahl der unangenehmen Vorkommnisse übertrieben wird, ist selbstverständlich. Es ist nicht immer einfach, dieser Taktik zu begegnen. Denn mit dem bloßen Hinweis, daß es nicht elf, sondern »nur« zwei Fälle von Grenzverletzung, Beleidigung oder Kassenmanko gewesen seien, ist nicht viel zu erreichen. Im Gegenteil kann der Erfolg, daß man nunmehr diese zwei Fälle von sich aus klar anerkannt hat, von einem durchtriebenen Gegner gerade beabsichtigt gewesen sein.

Was richtig oder falsch ist, ergibt wie immer die genaue Prüfung des Einzelfalles.

Die Widerlegung ad absurdum

Unabhängig von der Betrachtung der Allgemeingültigkeit und der Prüfung der größeren Quantitäten, aber ähnlich diesen Gedankenfiguren, ist eine Taktik, die man als »Ad-Absurdum-Führen« bezeichnet. Es ist dies eine sehr beliebte und volkstümliche Streitart, deren geschickte Anwendung dem geistigen Kampf viel bildreiche Drastik geben und durch die der Streitende die Lacher leicht auf seine Seite bringen kann. Daß sie andererseits nicht sehr weit reicht und letzten Endes nicht überzeugend ist, bleibt ebenfalls festzustellen.

Der Kunstgriff besteht darin, daß der an sich vernünftige Gedanke des Gegners durch phantasievolle Folgerung so übertrieben und in seinen Konsequenzen überspannt wird, daß ein ganz unsinniges Ergebnis dabei herauskommt. Es ist ähnlich wie im Jiu-Jitsu. Man wirft sich dem anrennenden Gegner nicht entgegen, sondern reißt ihn in seinen eigenen Körperschwung so kräftig nach vorn, daß er zu Boden stürzen muß.

Das geschieht sehr oft in derben Wortgefechten des täglichen Lebens und wird immer als typisch für ein loses und geübtes Mundwerk anzusehen sein. – Man stelle sich vor, ein Kunde erschiene auf dem Wochenmarkt und machte einer Marktfrau Vorhaltungen, weil zwei von den gekauften Eiern faul gewesen seien. Dann könnte die – in kräftigere Worte gekleidete – Erwiderung folgen, solange die Hühner an ihrem Ausgang noch keine Kontrollstempel besäßen, könne dies immer wieder vorkommen.

Ein Lehrer, im Zorn über allerlei kindische Versäumnisse seiner Oberschüler, würde ausrufen, daß er in dieser »Kleinkinderbewahranstalt« den Lümmeln wohl demnächst noch die Fingernägel schneiden und die Ohren säubern müsse!

Junge Damen, denen ihr Lebenswandel vorgehalten wird, pflegen zu erwidern, daß sie nicht »wie eine Nonne leben« wollten.

Aber auch in ernsthaften Debatten findet sich diese Streitfigur häufig. Wenn der Staat eine Geschwindigkeitsbegrenzung für Automobile in Erwägung zieht, pflegt die betroffene Industrie das Schreckbild langsam dahinschleichender, stinkender und die Straßen verstopfender Verkehrsströme an die Wand zu malen.

Wenn eine Partei für die Erhöhung von Renten und Pensionen eintritt, wird die Gegenseite schildern, wie auf solche Art die Alten und Untüchtigen ein fettes Wohlleben führen, während die Arbeitenden unter erhöhten Lasten schmachten.

Aus dem gleichen Zusammenhang stammt auch die häßliche Art, einem Beschwerdeführer zur Abhilfe des von ihm gerügten Übelstandes völlig übertriebene Konsequenzen vorzuschlagen. Der Tadler möge doch zu Fuß gehen, wenn es ihm in der Straßenbahn zu zugig sei, heißt es dann – er möge in die Ostzone zurückkehren, wenn ihm die Mieten in der Bundesrepublik zu hoch erschienen – oder kurzweg, er möge sich doch aufhängen, wenn ihm das Leben nicht gefalle. – Gereizte Manager aber belieben bei jeder Meinungsverschiedenheit ihren Rücktritt anzubieten, damit die Angst vor dieser unausdenkbaren Konsequenz dem anderen das Wort im Munde ersticken lasse.

Wie die genannten Beispiele zeigen, gehört diese Verteidigungsart oft in den Bereich der mehr oder weniger »dummen Reden«. Man kann sich solche Entgegnungen vielfach schon aus formellen Gründen verbitten. Im übrigen genügt der ruhige Hinweis, daß von einer so übertriebenen Folgerung durchaus nicht die Rede sei, man könne dem Übel sehr viel einfacher beikommen.

Auch hier darf nicht übersehen werden, daß hinter der Übertreibung eine richtige und erlaubte Betrachtungsweise besteht, die ihre logische und lebensmäßige Berechtigung hat. Das Ad-Absurdum-Führen ist nur die mutwillige Steigerung des an sich nützlichen Grundsatzes, daß man jeden Vorschlag und jede Anregung auf ihre praktische Auswirkung und ihre – auch ferner liegenden – Konsequenzen prüfen muß. Man soll sich immer, wie es heißt, »die Sache einmal illustriert vorstellen«, sie nicht nur theoretisch und vom grünen Tisch aus betrachten. Man soll auch weiter abliegende Umstände zur Erprobung des Gedankens in Erwägung ziehen.

Eine Menge kritischer Vorschläge hören sich zunächst einmal ganz gut an. Setzt man ihren Sinn und Zweck jedoch in die rauhe Praxis um und vergegenwärtigt man sich mit der Phantasie, die hier durchaus wünschenswert ist, die Konsequenzen, so findet man den Pferdefuß daran.

Mancher Bürger hat sich schon in den Restaurants über eine mißgelaunte, langsame und die Mahlzeiten verteuernde Kellnerschaft geärgert. Folgerung? Die Selbstbedienung der Gäste ist zu fordern. Stellt man sich diese Regelung aber praktisch vor und bedenkt man, wie in einer vollbesetzten Gaststätte die Damen und Herrn mit Tellern, Tassen und Tabletts jonglieren, wie sie an der Theke Schlange stehen, Suppe und Bier verschütten und sich danach über die Schäden auseinandersetzen, dann wird man bedenklicher und lernt die Sache realer beurteilen.

Haben wir, der rhetorischen Zwecksetzung folgend, bei diesem Vergleich etwa selbst das sachliche Maß überschritten und die Dinge zu pointiert dargestellt? Gibt es nicht schon viele Selbstbedienungsgaststätten, bei denen diese Folgen durchaus nicht auftreten?

Die Gefahr der latenten Übertreibung besteht allerdings bei allem Argumentieren. Wie schon bei der Taktik des Zergliederns ausgeführt wurde, ist eine gewisse Zuspitzung der Formulierung beim Diskutieren so gebräuchlich, daß man dies schon nicht mehr grundsätzlich beanstanden kann. Der Streiter zeigt, indem er über das eigentliche Ziel etwas hinausschießt, die weitere Richtung an, in der sich die Behauptung des Gegners grundsätzlich bewegt, und die ferneren Konsequenzen, die hier zu erwarten sind. Dabei ist die Überspannung, sofern sie mit Takt und Geschick gehandhabt wird, ein sehr belebendes Element in der Diskussion. Licht und Schatten im geistigen Bilde werden dadurch kräftiger verteilt, so daß der Zuhörer diese Art im Grunde schätzt und sich durch sie gern überzeugen läßt.

Wann diese Streitweise unsachlich und sinnlos wird, ist gradweise verschieden. Nicht alle ausdenkbaren Konsequenzen treten ein, nicht alle Möglichkeiten des Geschehens werden praktisch.

Man erinnere sich der bekannten Einwendungen, die gegen den Betrieb der ersten Eisenbahnen erhoben wurden. Hier ist die Zeit schnell über die phantasievollen Befürchtungen hinweggegangen, die zunächst angebracht erschienen. Bis zu welchem Punkte die Bedenken noch berechtigt sind und von wo ab sie demagogische Übertreibung und leere Spintisiererei werden, das zu unterscheiden, ist in jedem Fall das Problem.

Hierbei interessiert es übrigens auch, inwieweit man die *fehlerhafte* Anwendung oder die *mißbräuchliche Ausnutzung* einer an sich billigenswerten Einrichtung von vornherein in Betracht ziehen muß. Auch diese Erwägung ist notwendig, wenn neue Vorschläge und Anregungen geprüft werden. Wenn z. B. der Wegfall der Bahnsteigsperren überlegt wird, muß gleichzeitig die Frage geprüft werden, wie die betrügerische Ausnutzung dieser Erleichterung unterbunden werden kann.

Es ist jedoch davor zu warnen, dem Argument des Mißbrauchs allzu große Bedeutung beizumessen. Oft machen sich mit diesem Einwand Leute wichtig, die grundsätzlich gegen jede Neuerung sind und die infolgedessen bei solchen Gelegenheiten mit düsterer Phantasie immer nur die schlimmsten Auswirkungen prophezeien. Auch der sinnlose Einwand, daß man mit der neuen Regelung keinesfalls alles erreichen werde, was man beabsichtige, gehört in die weitere Verwandschaft dieser Methode. Soweit hier nicht das zu beachten ist, was über die Vorteilsschwäche jedes richtigen Grundes gleich noch gesagt wird, steht fest, daß grundsätzlich jede gute Sache auch übel angewandt und zu eigennützigen Zwecken mißbraucht werden kann. Das darf nicht verhindern, daß Zweckmäßiges und Richtiges verwirklicht werden muß. Über dem – auch zahlenmäßig normalerweise nicht bedeutenden – Mißbrauch einer Sache dürfen – (eine Hinwendung zum Regel-Ausnahme-Problem und ein Gedanke, den wir bei unserer Betrachtung der Streitfiguren selbst mehrfach verwendet haben) – die Qualitäten des Normalfalles nicht vergessen werden.

Die Entstellung gegnerischer Äußerungen

Zu der Taktik des Ad-Adsurdum-Führens gehört es im weiteren Sinne auch, wenn der Debattierer versucht, eine vom Gegner getane Äußerung so zu erweitern und zu vergröbern, daß sie schon aus sich selbst heraus angreifbar oder unsinnig erscheint. Nicht die Folgerungen sind dann das Absurde, sondern die Behauptung selbst wird durch die fälschliche Wiedergabe so entstellt, daß sie abgelehnt werden müßte, wenn sie tatsächlich so gefallen wäre. In politischen Debatten ist diese Taktik sehr beliebt.

Es sagt z. B. ein Redner in einer Ausschußsitzung, daß er den Bewerber X, der von Beruf Werkmeister sei, wegen seiner mangelnden Vorkenntnisse nicht für geeignet halte, den Posten eines Stadtkämmerers zu bekleiden. Darauf springt ein Gegenredner auf und ruft wütend: »So also ist das! Der Herr Vorredner erklärt mit anderen Worten, daß ein Arbeiter zur Wahrnehmung öffentlicher Ämter nicht in der Lage sei! Das verbitten wir uns ganz entschieden!«

Was ist geschehen? Der zweite Redner hat die Äußerung des Vorredners auf seine Weise zurechtgestutzt. Er hat dessen Erklärung zu einer Allgemeingültigkeit erhoben, die überhaupt nicht geäußert war; denn es war nicht von »Arbeitern«, sondern von dem Werkmeister X die Rede und nicht von »öffentlichen Ämtern«, sondern von der Stelle eines Stadtkämmerers. Aber erst die allgemeine Formulierung bietet den rechten Ansatzpunkt zur Polemik. Möglicherweise hat der

Zuhörer schon vergessen, daß Redner Nr. 1 die ihm unterstellte Formulierung gar nicht gebraucht hat. Nr. 1 seinerseits wird das sofort klarstellen und dabei vielleicht die in solchen Fällen übliche Wendung gebrauchen: »Das haben *Sie* gesagt!« Nr. 2 wird sich mit der Bemerkung zu rechtfertigen suchen, der Vorredner habe dies zwar nicht ausgesprochen, aber jedenfalls gemeint! Nr. 1 wird den Angriff dann endgültig mit der Bemerkung zurückschlagen, Gedachtes und Gemeintes stünden hier nicht zur Debatte und der Gegner möge, wenn er Gedanken lesen wolle, dies in geeignetem Rahmen tun.

Das Unterschieben von vergröberten, allgemeinbezüglichen Äußerungen ist ein übler Dreh aller Glaubenseiferer und Hexenrichter der verschiedenen Jahrhunderte. Wer von einem Würdenträger etwas Übles sagte, hatte damit Gott und die Religion gelästert. Wer sich über die Brotversorgung beklagte, hatte den Staat und die Revolution beleidigt. Wer seinen Luftschutzbeitrag schuldig blieb, verriet sein Vaterland. Diese Beschuldigung ist in der Hand von Fanatikern deshalb eine so gefährliche Waffe, weil die Richtigstellung, die normalerweise leicht zu erbringen wäre, unter den Verhältnissen, die diese Ankläger selbst erst geschaffen haben, eben nicht möglich ist. Denn die Eiferer bestimmen nicht nur, was richtig und falsch ist, sondern auch, wer reden darf und wer nicht. Es wird insbesondere in moderner Zeit in manchen Staaten dafür gesorgt, daß alle Publikationsorgane vollständig in der Hand der regierenden Partei sind, so daß auch vor der Öffentlichkeit über Gut und Böse ausschließlich und ohne Widerrede befunden werden kann und dem Leser oder Hörer nur die Anklage, nicht die Verteidigung zur Kenntnis gelangt.

Eine ganz andere Möglichkeit, die gegnerische Meinung sachlich zu bekämpfen, besteht in der Nutzanwendung des Satzes, daß jedes Ding zwei Seiten hat. Genauer ausgedrückt: jede Lebenslage, jede Handlungsweise, jeder Standpunkt, jede Eigenschaft hat ihre »Vorteilsschwäche«, hat eine Kehrseite der Medaille, hat negative Begleiterscheinungen, die mit den positiven unmittelbar zusammenhängen und oft bei genauerer Betrachtung mit diesen überhaupt identisch sind. Aus dieser Erscheinung, so wenig überraschend sie im Grunde ist, ergeben sich in der praktischen Diskussion immer gute und beachtenswerte Argumente.

Will beispielsweise jemand für sich und die Seinen ein Haus vor der Stadt kaufen, so wird er die Ruhe des Wohnens, die Geräumigkeit der Zimmer, die Lage im Freien als guten Zweck und Grund seines Vorhabens anführen. Die Gegenmeinung, die vielleicht von seiten der Hausfrau vertreten wird, bezieht sich im Grunde auf genau die gleichen Argumente, die jedoch nun auf ihre Kehrseite hin geprüft werden. Die Ruhe des Alleinwohnens bedeutet andererseits Einsamkeit und Mangel an nachbarlicher Hilfe – die Geräumigkeit verursacht erhöhte Arbeit der Sauberhaltung und erhöhte Anschaffungen für die Einrichtung – die Lage vor der Stadt bedingt längere Dienst- und Einkaufswege.

Diesen Zusammenhang erkannt zu haben, bedeutet auch, viele rhetorischen Finten zu durchschauen, die aus ihm heraus in Szene gesetzt werden. Die Doppeldeutigkeit aller Wertungen gibt nämlich schon sprachlich die Möglichkeit, durch den Gebrauch der jeweiligen Gegenbegriffe eigene Fehler zu beschönigen und fremde Tugenden herabzusetzen. Der Geistesfechter muß nur so wendig sein, daß er die andere Seite des Begriffes erkennt und die notwendigen Worte zur Hand hat. Damit kann man zumindest gute Rückzugsgefechte liefern und in Situationen etwas sagen, in denen sonst nicht mehr viel Worte am Platze sind. Anwaltsberuf und Journalistik benötigen die Kenntnis dieser Taktik wie das tägliche Brot.

Wird also jemandem von der einen Seite vorgeworfen, daß er ein verschwenderischer, genußsüchtiger Playboy sei, so mögen seine Freunde sagen, daß die »großzügige, lebensbejahende, allem Schönen aufgeschlossene Art« des Mannes Beachtung verdiene. Hat ein alter Behördenchef, von dem alle Welt weiß, daß er außer seinen Akten nicht die geringsten anderweitigen Interessen hat, sein Dienstjubiläum, so wird die Würdigung in der Presse die »ungewöhnliche beruflich-sachliche Leidenschaft« dieses Beamten und die »seltene Einheitlichkeit« seines Lebenslaufs und Charakters hervorheben.

Auch die Historiker haben sich mit dieser Erscheinung auseinanderzusetzen. Neue Auffassungen vom Charakter und Lebenswerk geschichtlich bekannter und bisher nur in einer bestimmten Weise beurteilter Persönlichkeiten gründen sich meist darauf, daß der Autor die alten Quellen in der genannten Weise neu ausdeutet oder daß er von sich aus die Kehrseiten des Charakters im positiven oder negativen Sinne herausstellt.

Auch gibt die Kenntnis dieser dialektischen Operation dem normalen Zeitungsleser und Werbeobjekt unserer Zeit überhaupt erst die Möglichkeit, sein Interesse und seinen Standpunkt unter dem Schwall der Phrasen, Beschönigungen und rhetorischen Zweckformulierungen zu behaupten, die auf ihn eindringen.

Was vor allem die Presse totalitärer Länder für ihre Zwecke an handlicher Terminologie geschaffen hat, ist bemerkenswert. Wenn ein Angehöriger der eigenen Partei in einem anderen Land zu drei Wochen Gefängnis verurteilt wird, weil er Flugblätter verteilt hat, dann heißt es, daß ein »aufrechter Patriot um seiner Gesinnung willen eingekerkert«

worden sei. Wenn umgekehrt der Gegner im eigenen Land Flugblätter verteilen sollte, dann wird dieser »Agent«, »Konterrevolutionär« oder »Diversant« wegen »heimtückischer Lügenhetze seiner gerechten Strafe zugeführt« – nämlich zu zehn Jahren Zuchthaus verurteilt. Schamlose Ausbeutung der Arbeitskraft bei den anderen – unermüdliches Schaffen für eine bessere Zukunft im eigenen Machtbereich, – dort Militarismus, Kadavergehorsam, Vorbereitung zum Völkermord – hier vaterländische Verteidigung, Verstärkung der Bemühungen zum Schutze der Heimat und klassenbewußte Disziplin.

Man hat sich oft gewundert, daß viele Gefangene, die außer durch die streng subjektive Presse ihres Gewahrsamslandes keinerlei Nachrichten empfingen, über die Schwierigkeiten der Machthaber und die internationale Lage erstaunlich gut im Bilde waren. Es ist aber – neben der wichtigen Fähigkeit, das zu erkennen, was in den Berichten überhaupt verschwiegen wurde – vor allem das Geschick, die wahren Befunde aus den vielfältigen Schönfärbereien oder Diskriminierungen herauszulesen, durch das die Unabhängigkeit des Urteils wiederhergestellt wird.

Die tapfere Gegenwehr des wahrheitssuchenden Geistes hebt auf diese Weise einen Zustand völliger begrifflicher Verwahrlosung wieder auf, der für die Situation der gegenwärtigen Publizistik irgendwie typisch und zugleich für den Überdruß verantwortlich ist, den der heutige Intellektuelle am öffentlichen Leben vielfach empfindet. Denn natürlich sind es nicht nur die totalitären Propagandisten, die so arbeiten. Auch was die Parteien der demokratischen Länder in Reden und Artikeln und was jeder Grundstücksverkäufer und Heiratsinserent an Zweckformulierungen und betrüglichen Beschönigungen erfinden, muß auf die Dauer die Abneigung des Publikums gegen öffentliche Rede und Schrift bewirken.

Letzten Endes dürfte es eine Eigenart aller alten Kulturen

sein, daß sie für verschiedene Zwecke eine Fülle verschiedener Ausdrucksweisen, höfischer Umschreibungen und diplomatischer Formulierungen geprägt haben, und der Unterschied zur widerwärtigen Handhabung durch moderne Usurpatoren liegt wie meistens nicht im Prinzip, sondern in der Grobheit, Dreistigkeit und Gewissenlosigkeit der praktischen Anwendung.

Der Nihilismus, der *daraus* entsteht, ist in der Tat das Gespenst, das in Europa – aber auch anderswo – umgeht.

Bei der ehrlichen, streithaften Diskussion, in der beiderseits die Bemühung um die Wahrheit am Werke ist, oder auch bei der Abwägung einer Situation im eigenen Innern des einzelnen darf natürlich das Bewußtsein der Zwienatur der Dinge niemals verhindern, daß nach irgendeiner Seite hin die Entscheidung zu fallen hat. Dabei sind die jeweiligen Nachteile, wie es die Sprache richtig zum Ausdruck bringt, »in Kauf zu nehmen«. Im Grunde sind die Worte »Vorteil« und »Nachteil« schon irreführend, da es sich, wie gesagt, meist nur um die verschiedenen Aspekte ein und derselben Sache handelt. Doch hat die Diskussion darüber immerhin den guten Sinn, daß beide Seiten der Angelegenheit herausgearbeitet und nicht erst durch spätere Erkenntnis offenbar werden.

Das Mädchen, das sich einen ruhigen, soliden und friedfertigen Menschen zum Ehemann wünscht, muß sich klar sein, daß solche Eigenschaften den Nachteil der Nachgiebigkeit, mangelnden Tatkraft und gelegentlichen Langweiligkeit unmittelbar in sich selber tragen. Wer einen genialen, feurigen und bedeutenden Mann will, möge bedenken, daß solche Leute eben aus ihrer Natur heraus reizbar, rastlos und wenig häuslich sind.

Wer das Land industrialisieren will, muß die vielfältigen Schäden an Natur und Gesundheit auf seine Rechnung nehmen, die damit verbunden sind. – Wer die Wehrpflicht und

Wiederaufrüstung betreibt, muß nicht glauben, Sturheit, Drill und beschränkten Kommißverstand völlig ausschalten zu können.

Alle Fähigkeiten, mit dem Leben zurechtzukommen, die Dinge real zu beurteilen und mit der Welt in Frieden zu leben, geht – so einfach das auch klingt – ganz wesentlich auf die Erkenntnis zurück, daß man niemals alle Vorteile einer Sache haben kann, ohne sich zugleich mit den Schattenseiten abfinden zu müssen. Daß aus demselben Grunde, der den allgemeinen wirtschaftlichen Aufschwung bedingt, die häuslichen Hilfskräfte knapp werden – daß aus demselben Grund, der dem einen den Besitz eines Autos gestattet, auch viele andere ein Auto haben – daß viele Dinge wegen ihrer Seltenheit Freude machen und dann, wenn sie erst leicht zu beschaffen sind, plötzlich nicht mehr –, das sind Feststellungen, die vielen Menschen heute nicht eingehen wollen, obwohl die logische Bewandtnis denkbar einfach ist.

Der Ausweg aus einem solchen Dilemma, in dem sich die beiden Seiten des Falles so die Waage halten können, daß der gewissenhafte Prüfer zwischen ihnen zugrunde gehen müßte wie der sprichwörtliche Esel zwischen den Heubündeln, besteht immer darin, daß die eine oder andere Eigenart des Falles aus einem bestimmten *weiteren* Grunde für entscheidend anzusehen ist. Dieses Anhängen der Begründung an einen übergeordneten, maßgebenden Sachverhalt, der gesucht werden, seinerseits aber natürlich unbestritten sein muß, gibt im Streite und in der Überlegung den Ausschlag.

Wie das Wort »den Ausschlag geben« schon andeutet, kann es sich dabei um recht ungewichtige und banale Gründe handeln, die der tiefsinnigen Erörterung des sonstigen Für und Wider oft gar nicht angemessen sind. Ob man also seinen Urlaub in den Bergen oder an der See verbringen soll, wird sich letzten Endes nicht danach entscheiden, ob man den Schönheiten des aufgetürmten Landes oder dem Eindruck des ewigen Meeres mit ihren jeweiligen Licht- und Schattenseiten den Vorzug gibt, sondern die einfache Tatsache, daß der Urlauber etwas gegen seine dauernde Mandelentzündung tun muß, läßt ihn sich für die See entscheiden.

Das Fräulein wiederum, das einen Gatten sucht, wird aus dem Pro und Kontra der einzelnen Charaktereigenschaften, sofern diese nur für sich allein betrachtet werden, keine Lösung finden. Die Tatsache aber, daß der Bewerber das Kurzwarengeschäft ihrer Eltern übernehmen soll, läßt den ruhigen, soliden Bräutigam letzten Endes doch erwünschter erscheinen – sofern die Dinge bei der Eheschließung überhaupt mit dieser Sachlichkeit diskutiert werden und nicht wie üblich die Liebe ihrerseits den ausschlaggebenden Wirkungsgrund darstellt, der die übrigen Zweifel beseitigt.

Ist die Entscheidung aber einmal gefallen, so sei man sich bewußt, daß von Stund an alle Diskussionen über die Doppelnatur der Eigenschaften überflüssig und sinnlos sind. Die Angelegenheit gehört dann in die Reihe der Themen, über die ein Streit nach der Natur der Sache selbst zwecklos ist. Es kommt nichts anderes dabei heraus, als was man bereits von Anfang an wußte, und man soll sich in Politik, Wirtschaft, Wissenschaft, Häuslichkeit oder wo sonst immer die Probleme gegeben sind, über den Fall beruhigen.

Das Sowohl-Als-auch

Eine andere Methode ist der eben geschilderten nahe verwandt. Sie beruht auf dem Umstand, daß das Leben der Menschen und ihr Denken notwendigerweise zwischen entgegengesetzten Polen oder Extremen verlaufen, so daß es bei Entscheidungen meist kein glattes Entweder-Oder, sondern nur ein Sowohl-Als-auch, einen Ausgleich oder einen Kompromiß geben kann. Außen und Innen, Ruhe und Bewegung, Verstand und Gefühl, Tradition und Fortschritt, Freiheit und Disziplin, Tat und Erleiden, Arbeit und Genuß sind einige dieser Gegensätze, die unser Dasein begrenzen. Der Erfahrene erkennt, daß er sich in der Praxis meist nicht für die ausschließliche Bejahung nur des einen oder des anderen Prinzips entscheiden kann. Es ist immer beides zugleich im Spiele. Es gibt Gradunterschiede nach dieser oder jener Seite hin, aber im Grunde müssen immer beide Pole beteiligt sein, wenn die Sache menschlich zuträglich und sachlich richtig bleiben soll.

Aus dieser Tatsache folgt, daß man im Streit mit etwas Geschick immer auch genau das Gegenteil von dem vertreten kann, was der Gegner behauptet. Wohlgemerkt rein theoretisch und nur, um überhaupt eine Entgegnung bei der Hand zu haben. Daß letzten Endes nach erfolgtem Einpendeln der Gründe nur *eines* richtig sein kann, bleibt unbezweifelt.

Wenn aber für einen leitenden Posten die Bewerber geprüft werden und die einen für einen älteren, erfahrenen Mann plädieren, so ist der Hinweis, daß der jugendliche Elan ebenfalls von Nutzen und die jugendliche hohe Arbeitskraft durch nichts zu ersetzen seien, immer richtig und verständig bemerkt. Sucht man einen ordentlichen und wohlerzogenen Menschen, so ist es niemals verkehrt zu erwidern, daß auch die Kühnheit und Regelwidrigkeit im rauhen Leben notwendig seien. Tritt einer für den Wohlstand des Volkes ein, so kann man sagen, daß Armut und Einfachheit im Grunde die besseren Voraussetzungen für den Aufstieg seien. Will einer in den Schulen mehr Disziplin, so will der andere die freie Entfaltung der Persönlichkeit ohne hemmende Schranken.

Diese dialektische Bewandtnis, so simpel und selbstverständlich sie scheint, verdient die größte Aufmerksamkeit. Denn sie ist ein weiterer Grund dafür, warum viele Kluge, ja oft gerade die gescheitesten und einsichtigsten Leute dem Wortstreit überhaupt aus dem Wege gehen. Sie wissen nur zu genau, daß man immer beide Seiten mit einigem Erfolg vertreten kann. Sie haben nur zu oft erlebt, wie in wissenschaftlichen oder politischen Debatten mit der Methode des Sowohl-Als-auch langatmige und nutzlose Ausführungen bestritten wurden und wie auch schlichte Geister sich hier den Anschein des Tiefsinns zu geben wissen, indem sie auf die an sich ganz natürlichen Antinomien aufmerksam machen.

Ist das aber in Wirklichkeit ein Grund zum Resignieren? Gibt es keine Durchfahrt zwischen Skylla und Charybdis? Gottlob ist es nicht so. Die beiden Gegenpole mögen im Streitgespräch ruhig markiert werden und den Rahmen der Diskussion bilden. Dann aber kommt es darauf an, entweder die vernünftige Mitte oder aber jenen Ausschlag nach dieser oder jener Seite hin zu finden, der nach der Eigenart des Falles oder aus bestehenden anderen Gründen der richtige ist.

Schulische Disziplin also - oder freie Entfaltung des Bildungswillens? Die Antwort wird nach dieser oder jener Seite hin erfolgen müssen, je nachdem, ob es sich etwa um *Kinder* handelt, deren kindliche Triebhaftigkeit gebändigt werden muß, oder um junge Erwachsene, bei denen die freie innere Entscheidung gerade das Wesentliche ist. (Wir verwenden bei dieser Lösung also die oben besprochene Technik des Unterscheidens und Zergliederns, indem wir den Begriff »Schüler«, der die Frage unausgesprochen zugrunde lag, altersmäßig unterteilen und für die verschiedenen Altersabschnitte zu verschiedenen Ergebnissen kommen.)

Der Weg, der jeweils der richtige ist, muß geduldig gesucht werden, ohne daß aus der vorgegebenen Dialektik Verwirrung entstehen darf.

Durch die Kenntnis dieses Zusammenhanges wird übrigens auch klar, wie manche geistreichen Paradoxe entstehen. Diese können erzeugt werden, indem mit einiger Fertigkeit gerade das humoristische Gegenteil vom Üblichen behauptet wird.

Hierbei wird auch die Unsicherheit in der Beurteilung der Kausalität eine Rolle spielen.

Man kann sagen: »Anton liebte seine Ruhe. Darum blieb er sonntags zu Hause.« Man kann aber auch geistvoll bemerken: »Anton liebte seine Ruhe. Darum hütete er sich, am Sonntag zu Hause zu bleiben.« Auch der bereits angeführte Grundsatz »Nur keinen Streit vermeiden!« oder die boshafte Feststellung, die Direktion habe Mühe und Kosten gescheut, um den Tag würdig zu gestalten, beziehen ihren Witz aus diesem Zusammenhang.

Diese Möglichkeit zu kennen und zugleich etwas Geschick zu wirksamer Formulierung zu besitzen, gibt die Fähigkeit, in Wortgefechten mit geistvollen Aperçus zu glänzen. Umgekehrt bewahrt die Einsicht, wie so etwas gemacht wird, vor der Gefahr, Paradoxe überzubewerten.

Das Ausweichen ins Allgemeine

Es besteht ferner die Möglichkeit, ein gutes und standfestes Argument auf gewisse Weise zu umwandern und zu überspülen, so daß es seine Bedeutung verliert und als recht belanglose oder ärgerliche Nebensächlichkeit erscheint. Ein früher Meister dieser Taktik war jener Knabe, der seinem Vater das Schulzeugnis mit den Worten überreichte: »Nicht wahr, Vater, du hast es doch selbst immer gesagt: die Hauptsache ist, daß wir alle gesund sind!«

Zweck dieser Argumentation ist, die Aufmerksamkeit des anderen von dem eigentlichen Verhandlungspunkt fort auf gewisse allgemeine Tatsachen zu lenken, die den Hintergrund und die Umgebung des strittigen Sachverhalts bilden.

Diese Betrachtungsweise kann ihren guten Sinn haben. Es gibt durchaus Fälle, in denen die Menschen beim Polemisieren »den Maßstab verlieren« und ihre spezielle Angelegenheit nicht mehr im rechten Verhältnis zur allgemeinen Lage zu sehen vermögen. Man kennt jene alten Damen, die in Notzeiten dem Lebensmittelhändler drei fleckige Kartoffeln wiederbringen und deren Umtausch fordern. Die Damen sind, wenn man den Fall für sich allein betrachtet, im Recht. Gegen den Hintergrund der allgemeinen Situation gesehen, wirkt ihr Begehren jedoch unverständig und provozierend.

Man beachte auch, daß ein großer Teil der religiösen und philosophischen Tröstungen, die der Mensch im Laufe des Lebens benötigt und empfängt, auf der Anwendung dieser gedanklichen Figur beruht. Das Hinlenken der Aufmerksamkeit auf allgemeinste Tatbestände soll das konkrete Übel klein erscheinen oder vergessen lassen. Ob das immer angemessen ist oder ob diese Erwägung allzu seicht und platt wirkt, ist nach Umständen und Geschick des Tröstenden verschieden. Obiger Schulknabe mit seinem Zeugnis hat recht und unrecht zugleich. Jemandem, den ein schweres Unglück traf, kann man nicht ohne weiteres ansinnen, daß er sich am Anblick der herrlichen Natur oder des Sternhimmels tröste und erquicke. Wohl aber mag der ebenfalls auf das Allgemeine gerichtete Zuspruch helfen, daß der Mensch im Leben nun einmal Wohltaten und Übel in gleicher Weise empfängt, so daß ein Überdenken der vielen guten Dinge, die er genossen, dazu verhelfen kann, das Unglück ruhiger zu ertragen.

Unter Ausnutzung dieser sinnvollen Denkweise wird nun aber in den verschiedensten Bereichen versucht, einen berechtigten Einwand dadurch abzutun, daß man ihn gegen einen allgemeinen Hintergrund stellt, der in diesem Falle durchaus nicht interessiert. Beanstandest du bei deiner Zimmerwirtin, daß das Bett schlecht und der Kaffee dünn sei, dann wird sie geschickterweise auf die allgemeinen Wohnverhältnisse zu sprechen kommen und bemerken, daß man anderwärts in Kellern und auf Dachböden hause und keine so nette Bleibe habe wie du, vom Zustand der unterentwickelten Länder ganz abgesehen. Staatliche Funktionäre, denen vorgehalten wird, daß es nicht genügend Butter, Fleisch und Textilien im Lande gebe, werden mit Sicherheit sagen, man müsse doch demgegenüber das Große, Ganze sehen: die Macht des Staates oder die Einheit der Klasse.

Oft genug wird dabei der allgemeine Hintergrund, der die Aufmerksamkeit fesseln soll, erst künstlich geschaffen. Der Kellner, von dem man genaues Herausgeben verlangt – der Redakteur, der eine falsche Angabe richtigstellen soll – das Telefonfräulein, das uns lange warten ließ – werden im Beschwerdefall immer die Vielbeschäftigten mimen. Das soll bewirken, daß der Einwand gegenüber der Flut von Arbeit, mit der sich der Betreffende herumzuschlagen hat, recht kleinlich und belanglos erscheint. Außenpolitische Verwicklungen werden gern absichtlich hervorgerufen, wenn die Kritik der Einwohnerschaft an inneren Unzulänglichkeiten allzu unbequem wird. Auch dieser berüchtigte Schachzug der Politik beruht auf der Spekulation, daß durch die allgemeinen Vorstellungen von nationaler Ehre, geschichtlicher Aufgabe und »Vaterland in Not« die konkreten Fehler und Schwächen der Regierung übersehen werden.

Wie man dieser Taktik zu begegnen hat, liegt auf der Hand. Man bleibe klar bei seinem Anspruch und lasse sich nicht irremachen. Man stelle den rechten Maßstab mit Nachdruck her, indem man üblicherweise die Wendung gebraucht, die von dem anderen genannten Dinge gehörten gar nicht zur Sache, gingen einen nichts an, interessierten hier nicht, und es sei durchaus Angelegenheit des anderen, damit fertig zu werden.

Ähnlich der Beschwörung des allgemeinen Hintergrundes, jedoch flacher und äußerlicher als diese, ist der Versuch, überhaupt von dem behandelten unangenehmen Thema weg auf andere Zusammenhänge zu sprechen zu kommen. Dies hat jedenfalls den Zweck, zu den berechtigten Ausführungen des anderen ein Gegengewicht zu schaffen, so daß man, wenn man schon in dem einen Punkte unterliegt, dem Feinde wenigstens in anderer Beziehung einige Wunden beibringen kann. Man bezeichnet diese Art, die vor allem bei Ehekrächen und anderen volkstümlichen Kontroversen beliebt ist, als »Vom-Hundertsten-ins-Tausendste-Kommen«.

Als kluger Fechter sei man auch hierbei auf der Hut, dränge zur Sache zurück und verwahre sich gegen die Ausweitung und Abwandlung des Themas.

Bei geregelten Diskussionen schützt vor solcher, das Niveau der Auseinandersetzung stark beeinträchtigender Entwicklung die *Tages- oder Geschäftsordnung*, deren Festsetzung darum nicht selten zu heftigem Streit im voraus führt.

Der Streit um Wenn und Aber

Im weiteren Zusammenhang mit der Taktik des Ausweichens ins Allgemeine ist eine Methode zu erwähnen, die im Volksmund als der Streit um das Wenn und das Aber bekannt ist. Auch bei dieser Figur, die durch die Einführung von Annahmen und Vermutungen den Streitverlauf zu bestimmen sucht, handelt es sich um das Bestreben, das Thema der Kontroverse auszuweiten, abzurunden oder von neuen Seiten zu beleuchten. Es werden Dinge bedacht und erörtert, die noch nicht wirklich sind, sondern als bloße Möglichkeiten in Betracht gezogen werden müssen. Das Ausgreifen auf diese ferner liegenden Eventualitäten ist aber an sich nicht abwegig, sondern bildet im Gegenteil ein typisches Merkmal menschlicher Geistestätigkeit. Der Mensch ist ein planendes, sorgendes Wesen, das seiner Bestimmung erst dann voll gerecht wird, wenn es nicht nur Gegenwärtiges, sondern auch Zukünftiges, nicht nur offenkundige, sondern auch verborgen liegende Linien des Geschehens in seine Erwägung einbezieht.

So kommt es, daß auch bei Diskussionen um sehr praktische

Dinge die Vermutungen und Hypothesen von Nutzen und Notwendigkeit sind und daß infolgedessen bei allen Arten von Streitigkeiten das Wenn und Aber mit Selbstverständlichkeit zur Debatte steht.

Wird in einer Vorstandssitzung das Produktionsprogramm besprochen, so geht es im wesentlichen um die richtige Beurteilung der Zukunft, um die Frage also, wie der Betrieb verfahren muß, *wenn* diese oder jene Entwicklung eintritt.

Beanstandet die Polizei den Zustand eines Kraftwagens, dann pflegt man zu fragen, wie es sich der Besitzer denke, *wenn* er einmal scharf bremsen oder über 120 km/st fahren müsse.

Wer mit seinem Chef über die Gehaltsfrage spricht, wird unter anderem die Besorgnis äußern, was er und seine Familie tun sollen, *wenn* einmal eine längere Krankheit oder ein anderes unvorhergesehenes Ereignis eintreten.

Von diesen Fragestellungen aus entwickelt sich das Streitgespräch in der Weise weiter, daß der Gegner das »Aber« anführt und auf die Reserven oder sonstigen Auswege hinweist, die im eintretenden Falle zur Verfügung stehen.

Der Scharfsinn des Diskutierenden und das Gewicht des Argumentes sind danach zu beurteilen, in welchem Maße die Hypothese sich als berechtigt und der Wirklichkeit entsprechend erweist. Sind die Möglichkeiten, die der Streiter anführt, nur imaginär und liegen sie völlig außerhalb einer üblichen Kalkulation, dann wird der daran geknüpfte Vorschlag keinen Eindruck machen. Wird dagegen auf eine naheliegende Gefahr oder auf eine anderweit oft bestätigte Entwicklung aufmerksam gemacht, dann ist es umgekehrt leichtfertig und billig erwidert, wenn diese Möglichkeiten etwa nur mit der Bemerkung, dies werde schon nicht geschehen, übergangen werden.

Leider pflegen sich die Dinge nicht immer nach der Wahrscheinlichkeit und dem Wunsche als Vater des Gedankens zu entwickeln. Welcher hypothetische Einwand beachtlich war und welcher nicht, zeigt sich oft erst hinterher. Dann sind diejenigen, die der landläufigen Meinung mutig entgegentraten und auf verborgen liegende Möglichkeiten hinwiesen, die Klugen gewesen, denen bescheinigt wird, daß sie mit ihren Gedanken ihrer Zeit weit vorausgeeilt seien. Treten umgekehrt Gefahren nicht ein, die zunächst zu bestehen schienen, dann hat sich der Ratgeber, der gegen ein Vorhaben sprach, als überängstlicher Spintisierer erwiesen.

Die Hypothese gewinnt die Bedeutung einer versteckten Drohung, sofern ihre Verwirklichung vom Sprecher selbst oder seinem Einfluß abhängt. (»Wenn bei uns einmal der Hund los ist, sind Ihre Hühner erledigt!«) Sie wird Ausdruck des Mißtrauens, sobald sie davon ausgeht, der Gegner werde sich an diese oder jene Abrede nicht halten. (»Wenn Sie das Haus plötzlich verkaufen, bin ich der Dumme!«) Sie kann eine Unverschämtheit sein, wenn sie dem anderen eine üble Handlungsweise unterstellt. (»Wenn Sie eines Tages auf und davon gehen, habe ich das Nachsehen!«) Sie kann reine Anmaßung bedeuten, wenn sie der eigenen Tätigkeit zu viel Gewicht beimißt. (»Wenn Sie mich nicht hätten, könnten Sie zumachen!«) Sie ist eine beliebte Streitfloskel, weil sie dem Gegner mit einem schwer zu widerlegenden Argument zusetzt und ihn vor die Mutprobe stellt, ob er es auf die in Aussicht gestellte Möglichkeit ankommen läßt oder nicht.

Auch bei dieser Figur ist festzustellen, daß sie mit anderen Streitmethoden eng verwandt ist. Das Ad-absurdum-Führen benutzt teilweise die Hypothese zur Steigerung seines Effekts. Das Argument des Mißbrauchs geht immer von der Vermutung aus, daß einige Wenige mit übler Absicht an die neue Einrichtung herangehen werden. Auch die Betrachtung der Allgemeinverbindlichkeit zielt auf die Frage ab, was geschehen würde, *wenn* alle das täten.

Wie bei jedem Abweichen in das Allgemeine ist auch der Taktik des Wenn und Aber gegenüber Zurückhaltung am Platze. Die volkstümliche Beurteilung läßt erkennen, daß man darunter gern das unfruchtbare, uferlose Streiten versteht, das sich in unkontrollierbaren Voraussetzungen und Annahmen verliert, anstatt die bestätigten Tatsachen im Auge zu behalten. Es bedarf auf jeden Fall eines besonders hohen geistigen Niveaus, wenn die Verwendung dieser Streitfigur – etwa als kluge »Arbeitshypothese« – zu fruchtbaren Ergebnissen führen soll.

Das Ausweichen ins Besondere

Mehr noch als das Bestreben, einen konkreten Grund durch allgemeine Erwägungen auszuschalten, verdient die umgekehrte Taktik Beachtung, durch welche ein allgemeines Urteil mit dem Hinweis auf spezielle Befunde angegriffen wird. Diese Streitart ist eng verbunden mit dem Problem des Typischen. In ihrer unlauteren und betrügerischen Anwendung ist sie so verbreitet und zugleich so erfolgreich, daß man sie ohne Übertreibung als eine der wirksamsten Waffen im modernen Geisteskampfe bezeichnen kann. Ganze Wissenschaftszweige würden auf neue Grundlagen gestellt, ganze Bibliotheken von Tendenzschriften würden zu der sprichwörtlich bekannten Makulatur, und ganze Hochhäuser demagogischen Schwindels stürzten in sich zusammen, wenn es das Publikum gelernt hätte, hier genauer hinzusehen und schärfer zu urteilen.

Es handelt sich hier um die Frage, wann und unter welchen Umständen es erlaubt ist, aus Einzelbefunden allgemeine Schlußfolgerungen zu ziehen. Wenn die Frage so nüchtern gestellt wird, muß jedermann anerkennen, daß es zumindest nicht einfach ist, aus einzelnen Tatsachen eine zutreffende allgemeine Erkenntnis abzuleiten. Das wenigste, was man tun muß, ist die gewissenhafte Sammlung einer Vielzahl von Eindrücken und Befunden. Auch wenn man diese beisammen hat, kann man übrigens mit seiner Folgerung noch vollkommen danebentreffen. Immerhin besteht eine gewisse Wahrscheinlichkeit, daß bei genügender Breite der Vorbetrachtung ein richtiges Urteil zustande kommt.

Wie anders werden aber einzelne Befunde im persönlichen Streit oder in der politischen Debatte verwertet! Kein Mensch denkt daran, sich über die Typik des Falles Gedanken zu machen. Im Gegenteil – wer es einigermaßen einrichten kann, sucht den Gegner durch Tatbestände, die er aus den hintersten Winkeln des Wissens oder Bewußtseins hervorzerrt, in Verlegenheit zu setzen.

In der wissenschaftlichen Literatur geistert als abstruses Beispiel für diese fehlerhafte Resümierung die Geschichte von einem reisenden Engländer herum, der in Frankreich einen Kellner traf, der ein Albino war, und daraufhin in sein Tagebuch notierte: In Frankreich sind die Kellner Albinos. Lassen wir es dahingestellt sein, ob es diesen Engländer wirklich gegeben hat – jedenfalls war seine Folgerung harmlos. Durchaus nicht so harmlos ist dagegen das, was heute in Presse, Propaganda, Kunst und Publizistik alles mit der Taktik der unzulässigen Verallgemeinerung angerichtet wird.

Beginnen wir, wenn wir über den Beispielwert von Einzelerscheinungen sprechen wollen, unsererseits mit einem Beispiel. Wenn sich zwei Politikusse über die Frage stritten, ob die monarchische oder die demokratische Staatsform die bessere sei, so würde derjenige, der die Monarchie bekämpft, wahrscheinlich auf Nero, Caracalla und Iwan den Schrecklichen verweisen, der andere hingegen zur Anprangerung der Demokratie auf die Zerfahrenheit des Athener Staates und auf die Greuel der Französischen Revolution. In beiden Fällen würden damit ausgesprochen üble Beispiele herangezogen, von denen keineswegs feststünde, ob sie wirklich das Typische der betreffenden Staatsverfassung zum Ausdruck bringen. – Im übrigen wären die Beispiele auch in sich selbst wieder fragwürdig. Ob es nämlich zulässig ist, die Grausamkeiten eines Monarchen wirklich als symptomatisch für sein ganzes Regierungswerk anzusehen, und ob man umgekehrt die Französische Revolution nur nach den Opfern der Guillotine beurteilen darf, wäre eine Frage für sich.

Man betrachte als weiteres Beispiel das Urteil, das die bürgerlich-kapitalistische Epoche von 1870–1914 in der Publizistik erfahren hat. Hier hat es sich die avantgardistische Literatur angelegen sein lassen, ein möglichst trübes Bild von bürgerlichem Mief, doppelter Moral und engstirnigem Spießertum zu entwerfen, wofür in Dramen und Romanen allerlei üble Vorkommnisse: Duelle, Abtreibungen, Ehebrüche und andere geheime Missetaten äußerlich honoriger Personen als Belege angeführt werden. Wie steht es aber mit dem Beispielswert dieser Affären? Sind es wirklich typische Geschehnisse, wie es die Autoren sagen wollen, oder sind es Entgleisungen, die auch in jeder anderen Gesellschaft und heute ebenso vorkommen? Die Nachgeborenen können das schwer feststellen. Sie bemerken nur häufig, daß die alten Leute, die aus eigener Erfahrung über die damaligen Zeiten berichten, von den üblen Einzelheiten gar nicht so beeindruckt sind, sondern über die Epoche als Ganzes recht milde und positiv urteilen.

In der Gegenwart wird vor allem bei der Erörterung von politischen, sozialen und wirtschaftlichen Problemen die vorschnelle Verallgemeinerung mit schrecklicher Selbstverständlichkeit betrieben.

Da behauptet der eine, im Staate des anderen gäbe es nicht genügend Fleisch und Fisch für die Bevölkerung. Es gäbe auch keine Südfrüchte und keine Delikatessen, und aus diesem Grunde sei es mit diesem Staate nicht weit her.

Nun könnte der andere richtigerweise erwidern, daß der Beispielswert dieser Erscheinungen gering sei. Es komme, so könnte er sagen, auf Bananen, Datteln, Hummer und Artischocken, ja selbst auf viel Fleisch und Fisch durchaus nicht an. Kraft und Wohlbefinden eines Volkes hingen vom Überfluß und Luxus durchaus nicht ab, im Gegenteil.

So argumentiert der andere aber meistens nicht. Er verlegt sich statt dessen seinerseits darauf, durch falsche Beispiele zu täuschen. Er nennt die Läden, in denen man im letzten Monat Ananas und Krebsfleisch verkauft hat. Er nennt die Schulen, Krankenhäuser, Altersheime und Kindergärten, in denen Schokolade, Apfelsinen und Bananen verteilt worden seien. Das sei, so behauptet er kühn, sogar die bessere Methode der Distribution; denn auf diese Weise kämen die guten Dinge an die wirklich bedürftigen Personen. Auch er verfolgt also mit Geschick die Methode, die Ausnahme zur selbstverständlichen Regel umzufälschen.

Diese Fechtweise wird auf den verschiedensten Gebieten angewendet. Überall finden wir die geübten Geisteskämpfer bemüht, den Einzeltatbestand, den sie gerade wissen und kennen, als typischen und als Regelfall hinzustellen und ihn damit zum allgemeinen Prinzip auszuweiten. Der Mensch, zumal im Massenzeitalter, freut sich, wenn er etwas wirklich Konkretes weiß, das er in seiner vollen Eigenart übersieht. Die Zustände des Staates und der Wirtschaft sind jedoch höchst verwickelt und komplex. Darum gebietet es die geistige Ökonomik, daß man als soziales Atom mit seinen Pfunden wuchert und das wenige, was man wirklich erkennt und begreift, zu möglichst weittragender Bedeutung ausbaut.

Hinzu kommt, daß der Ausnahmefall seinem Wesen nach interessant und einprägsam ist. Nichts liegt daher näher, als ihn aufs Podest zu stellen und dem Publikum zu präsentieren, indem man etwa seine Rede mit einer Anekdote beginnt oder den Fall in das Gewand eines persönlichen Erlebnisses kleidet.

Dieses geistige Zurschaustellen bedeutet aber wiederum, daß man das Beispiel nun »ausschlachtet«, es zum typischen Geschehen erhebt und seine allgemeine Bedeutung nach allen Regeln der Kunst demonstriert – andernfalls man in die Gefahr geriete, als Schwätzer zu erscheinen.

In erster Linie von diesem Problem berührt sind bekanntermaßen Journalisten und Publizistik. Hier ist es von jeher die Frage, ob reine Tatsachenberichte und Informationen gegeben oder die Ereignisse in Form von Kommentaren besprochen werden sollen.

Die erste Form erscheint gegenüber der zweiten genauer, sachlicher, der Wahrheit dienlicher. Sie teilt nur mit, was gesehen und gehört wurde, und enthält sich jeder weiteren Beurteilung. Dies geschieht in der bunten Abwechslung, die das Leben selbst erfordert. Besuche bei Behörden, in Betrieben, Organisationen, Luxushotels oder Elendsquartieren, Reportagen aus Wissenschaft, Technik oder Kultur, Unterhaltungen mit dem Studenten X und dem Straßenbahnschaffner Y, Polizeiberichte und Wiedergabe von Gerichtsverhandlungen sollen den Leser »ins Bild setzen«. Die Schlußfolgerung aus den mitgeteilten Tatsachen wird ihm selbst überlassen. Diese gewissermaßen impressionistische Art der Unterrichtung ist sehr modern. Demgegenüber nimmt — wie auch in der Literatur — die Wertschätzung fertiger Urteile und Deduktionen deutlich ab. Der moderne Mensch will sich selbst mit den Dingen beschäftigen, seine Schlüsse selbst ziehen. Er will — wie alle, die insgeheim an ihrem Selbstgefühl leiden — um alles in der Welt nicht bevormundet sein.

Tatsache ist jedoch andererseits, daß bereits in der Auswahl, Darstellung und Plazierung der bloßen Nachrichten Einfluß auf die »freie« Urteilsbildung des Lesers genommen werden kann. Dabei spielt der Schluß vom Besonderen zum Allgemeinen die entscheidende Rolle. Denn die Folgerung, die ausgesprochen oder unausgesprochen aus den mitgeteilten Befunden gezogen wird, lautet durchweg so, daß die Dinge allgemein so liegen, wie es der einzelne Sachverhalt besagt. Daß außer diesen gerade geschilderten Eindrücken noch tausend Fälle anderer Art bestehen, die schon aus räumlichen Gründen nicht alle mitgeteilt werden können, bleibt unausgesprochen. Der Leser müßte es sich aufgrund seiner Bildung und Erfahrung selbst sagen können. Aber tut er es wirklich? Und rechnet man nicht im stillen damit, daß er es nicht tut?

Auch für das Verständnis der Geschichte ist es von großem Nutzen, diese Denkfigur zu beachten. Wir sind, im Lande der gediegenen Schulbildung, nur allzu leicht geneigt, die Vergangenheit nach den literarischen Zeugnissen zu beurteilen, die aus ihr noch bestehen. Wir schätzen die Antike nach den alten Schriftstellern ein, das Mittelalter nach dem Minnesang, das 18. Jahrhundert nach Voltaire, Lessing und Goethe. Das liegt um so näher, als über ferne Zeiten die literarischen Quellen meist die einzigen sind, die wir noch besitzen. Jedoch wird dabei oft übersehen, daß sich die literarische Verarbeitung — eben *wegen* der Notwendigkeit, Einmaliges und Interessantes bieten zu müssen — immer an den Ausnahmen orientiert, ja, daß sie oft genug den genauen Gegensatz zur vorherrschenden Gesamtverfassung als *Ideal* herausstellt. Das nicht zu beachten, führt zur Romantik, jener Geistesrichtung, die der vernunftmäßigen Betrachtung entgegengesetzt und daher für die Methodik des Streitens und Diskutierens kein Vorbild ist.

Man stelle sich nur vor, was ferne Generationen für einen Eindruck von *unserer* Zeit erhalten müßten, wenn sie aus dem Inhalt der Romane, der Theater- und Kinostücke auf den Zustand der zeitgenössischen Wirklichkeit schließen würden. Das trübe Durcheinander von Sexualität, Verbrechen, Familienzerfall und Abenteuerei, das sich da böte, steht gottlob in einigem Gegensatz zum wirklichen Zustand unserer Gesellschaft, welche Feststellung aber auch vielen zeitgenössischen Kritikern durchaus nicht geläufig ist.

Daß ferner nicht nur die Literatur, sondern auch die gesamte Bildkunst von der Fotografie bis zu den Plakaten und Werbeprospekten genauso bestrebt ist, die Einzelanblicke als typisch und damit die Ausnahme als Regel erscheinen zu lassen, versteht sich von selbst. Man kann immer nur *etwas* fotografieren. Was danebenliegt, kommt nicht mit auf das Bild. Man kann Porträts gerade dann aufnehmen, wenn der Betreffende eine Grimasse schneidet oder umgekehrt besonders würdig aussieht. Man kann auf Reiseprospekten die fremden Gegenden so abbilden, daß sie zwar durchaus wahr und richtig sind, daß sie aber so aussehen, wie sie sich nach Licht und Farbe nur in ganz seltenen Augenblicken darbieten, in Ausnahmefällen eben, während in der Regel weit gewöhnlichere Eindrücke vorherrschen.

Man bildet alle Dinge, für die man wirbt – Anzüge, Kleider, Eisschränke, Tafelgedecke und Unterwäsche –, so ab, wie sie nur in den seltenen Augenblicken der äußersten Neuheit zu erleben sind, getragen und vorgeführt wiederum von Menschen, deren strahlende Schönheit nur einem ganz kurzen Abschnitt ihres Lebens gemäß ist. Man setzt die Ausnahmeerscheinung an die Stelle des Regelanblicks.

Aus dieser Umkehrung der Betrachtung von einmaligen und alltäglichen, von zufälligen und regelmäßigen Zuständen, von Glück und üblichem Ergehen entstehen im Grunde auch die Erscheinungen, die man als geistige Massenkrankheiten und üble Zeichen unseres Zeitalters anzusehen pflegt. Denn auch in derjenigen geistigen Auseinandersetzung, die jeder einzelne stündlich mit sich selber durchführt, kommt es auf die richtige Einschätzung des Regel-Ausnahme-Problems an. Das Glück von Millionären und Filmhelden – auch wenn es von den Zeitungen massenweise geschildert wird – bleibt immer Ausnahmeerscheinung. Derjenige, der so etwas *nicht* erreicht, braucht sich deshalb gar nicht vom Schicksal verstoßen zu fühlen. Er braucht auch den Staat oder die Gesellschaft nicht anzuklagen; denn kein politisches System kann das, was Seltenheitserscheinung ist, zum Massengut machen. Er sollte lieber bedenken, daß auch der glückliche Augenblick im Leben des Helden, den die Zeitung beschrieb oder abbildete, selbst wieder nur eine Ausnahme im Alltag dieses Menschen ist, für den das Glück genauso wie für alle anderen niemals der Normalzustand sein kann. Vielleicht kehrt schon bei ruhiger Durchdenkung dieser Bewandtnis etwas von jener Zufriedenheit zurück, die dem Zeitgenossen so dringend zu wünschen ist.

Nun kann allerdings nicht geleugnet werden, daß es tatsächlich *typische* Sachverhalte gibt – Einzelphänomene, aus denen und durch die hindurch dem Kundigen das ganze Wesen eines Landes, eines Volkes oder einer Epoche erkennbar wird. Aber solche Beispiele sind kostbare Funde, die sorgsam aufgesucht und gedeutet werden müssen. Und über die Frage, ob die Beispiele typisch sind oder nicht, müßte eine besondere Debatte erst stattfinden. Die Typik der Erscheinung muß nötigenfalls bewiesen werden. Auch ist zu beachten, ob die Dinge, von denen die Rede ist, nicht ihrem Wesen nach schon Ausnahmen sind, wie z. B. Kriminalfälle oder Ehescheidungssachen. Hier wird man nicht auf die einfache Mehrheit abstellen und vor etwaigen Gegenmaßnahmen vernünftigerweise nicht abwarten können, bis die Mehrzahl der Einwohner Verbrecher geworden sind oder im Ehezerwürfnis leben, sondern man muß das rechte Maß der Dinge bereits aus der Betrachtung der Minderheit als solcher erkennen.

Es gehört dann zu den Problemen der Statistik, zu entscheiden, ob 7,8% viel oder wenig sind, was je nachdem, ob es sich um Parlamentssitze, Krankheitsfälle, Ausschußware oder Analphabeten handelt, ganz verschieden beurteilt werden muß.

Für die große Mehrzahl der Fälle (die wir bei diesen Darlegungen unsererseits beachten müssen, wenn wir mit unseren Ausführungen sinnvoll bleiben wollen) bleibt es deswegen aber richtig, daß sich der Staatsbürger und Mitmensch bemühen soll, die unzulässige Typisierung und Verallgemeinerung von Einzelfällen zu vermeiden. Tut er dies, dann wird er nicht nur im privaten Streit besser fahren, sondern auch dazu beitragen, daß sich in den öffentlichen Dingen ein Abbau jener hysterischen Übertreibung vollzieht, die aus der falschen Beurteilung von Regel und Ausnahme vorwiegend entsteht und die für die Krankheitszustände mitverantwortlich ist, unter denen unsere Zeit leidet.

In letzter Konsequenz wird nämlich auch das Verhältnis des einzelnen zur Gesamtheit von der richtigen Anwendung des genannten Grundsatzes bestimmt. Jedes Individuum hat die Neigung, sich selbst als von anderen vorteilhaft unterschieden, als Besonderheit, d. h. eben wieder als Ausnahmeerscheinung zu betrachten. Nichts ärgert den Zeitgenossen darum so sehr wie die Erkenntnis, daß ihn in der großen Masse, in der er lebt, diese Sonderstellung nicht zuerkannt wird. Er nimmt es dem Staat und seinen Lenkern von Grund auf übel, wenn er sich »als Nummer behandelt« fühlt, obwohl kein verständiger Betrachter sagen kann, wie es denn anders sein sollte. Er lehnt aus diesem Grunde vor allem den militärischen Dienst ab, weil hier die vollkommene Einfügung in die Masse auf weite Strecken hin mit besonderer Konsequenz vollzogen werden muß. Er will dem Staatsmann, dem Organisator oder dem General keinesfalls als namenlose Regelerscheinung gegenübertreten.

Andererseits ist es ganz klar, daß der Staatsmann ein schlechter Politiker und der General ein miserabler Militär wäre, wenn er sich auf dieses Ressentiment einließe. Denn für die Führenden *darf* natürlich nur der größere Zusammenhang, das Wohlergehen der Mehrheit oder die Erreichung des allgemeinen Erfolges maßgebend sein. Es bleibt den Dichtern und Dramatikern unbenommen, diesen Widerstreit der Grundsätze des Zusammenlebens in ihren Werken zu verarbeiten. Für die Politik bleibt es dabei, daß nur die Regel- und Mehrheitserscheinung die Grundlage für notwendige Dispositionen bilden kann. Auch dies zu bedenken, ist in unserer Zeit nützlich.

Die Verurteilung mit Sammelbegriffen

Man kann, wenn man um die einzelnen Argumente der Erwiderung verlegen ist, eine besondere Taktik daraus machen, den Standpunkt des Gegners mit gewissen summarischen Begriffen abzustempeln, die von vornherein eine Herabsetzung und Verurteilung bedeuten. Man erklärt, diese Ansicht sei ganz offensichtlich Konformismus, Faschismus, Defätismus, Doktrinarismus, Mystizismus oder ein anderer Ismus – je nach Thema und Standpunkt. Diese Streitart ist schon von alters her wohlbekannt und übel beleumdet.

Sie ist zunächst ein gutes Beispiel dafür, wie in der Kunst des Streitens die einzelnen Taktiken zusammenwirken und ineinander übergehen. Einmal ist es die Methode der Beschimpfung, die dem ganzen Vorgehen zugrunde liegt – Beschimpfung in dem Sinne, daß durch die Einreihung des Gegners in eine allgemein bekannte niedere Kategorie die Sache abgeschlossen und die weitere Diskussion überflüssig gemacht werden soll. Eine solche Klassifizierung findet auch bei den gängigen Schimpfworten wie Esel, Lump oder Feigling statt. Danebenher ist aber hier die Fertigkeit beteiligt, durch Ausnutzung der Doppeldeutigkeit die abwertenden Begriffe erst zu finden und nötigenfalls neu zu schaffen. Gleichzeitig wird durch absichtliche Vergröberung der gegnerischen Erklärung die Möglichkeit, den anderen in ein schon vorhandenes Schema einzuordnen, erweitert. Es findet dabei ferner eine

Umfassung des Feindes statt mit dem Ziele, hinter dessen Argument zu gelangen. Denn mit der Feststellung, daß der Gegner einer bestimmten Richtung fest zugeordnet sei, wird die Originalität seines Standpunktes angezweifelt. Endlich wird mit einer solchen Einordnung auch eine Isolation des Gegners bewirkt, weil die Zugehörigkeit zu einer begrenzten Meinungsgruppe meist bedeutet, daß die Mehrzahl der unvoreingenommenen übrigen Beurteiler anderer Ansicht ist.

Begründet wird diese Methode durch die an sich richtige Erwägung, daß man nicht bei jeder Beurteilung bis auf die Ursprünge zurückgehen und jede Einzelheit von neuem in Betracht ziehen kann. Man muß vielmehr bei aller geistigen Arbeit auf vorgeprägte Begriffe zurückgreifen und sich die Vorarbeit anderer Beurteiler zunutze machen können – so wie der Arzt bei einer Diagnose die konkreten Symptome in fertige Krankheitsbegriffe einordnet und gerade dadurch die Zeit zu schnellen Gegenmaßnahmen gewinnt.

Auch in unserer Streitkunst können, wie zu Anfang erwähnt, die in der Logik üblichen Bezeichnungen wie petitio principii (fehlerhafter Schluß durch Voraussetzen eines zu Beweisenden als eines Beweises), Zirkelschluß oder saltus in probando (fehlendes Glied in der Beweiskette) in der Weise verwendet werden, daß durch die Anführung dieser Begriffe die ausführliche Erläuterung gegnerischer Beweisfehler ersetzt wird.

Dieser Vorgang findet sich auf allen Gebieten des Denkens und geistigen Schaffens. Die geistige Existenz der Menschheit wäre völlig in Frage gestellt, wenn dieses abkürzende Verfahren des begrifflichen Einordnens nicht stattfände.

Wie überall sind es aber böse Absicht und gedankenlose Nachahmung, die das an sich richtige und segensreiche Mittel des Geistes in sein Gegenteil verkehren.

So werden im gewöhnlichen Leben vor allem die Moralbegriffe – oft in der Form strafrechtlicher Tatbestände –

zur verurteilenden Kennzeichnung des gegnerischen Tuns und Redens verwendet, ohne daß eine genaue Nachprüfung des Sachverhalts stattgefunden hätte. Mit den Worten: »Das ist Betrug!« wird im abgekürzten Verfahren das Urteil gesprochen.

Von sehr aktueller Bedeutung ist diese Streitart, wenn sie von totalitären Systemen dazu benutzt wird, um innere oder äußere Gegner zu bekämpfen. Es wimmelt in der Presse dieser Staaten von den verschiedensten -ismen und -ien, durch die die Bürger verunglimpft werden, und die hysterische Schnelligkeit, mit der immer neue solcher Begriffe entstehen, läßt einige Schlüsse auf die innere Sicherheit der Systeme und die Festigkeit ihrer »Weltanschauungen« zu. Was allein dem Deutschen innerhalb der letzten dreißig Jahre an derartigen Wortbildungen zugemutet wurde, ist erschreckend. Von Marxismus, Liberalismus (als Schimpfwort!), Staatsfeindlichkeit, asozialem Verhalten, Kritikastertum, Entartung, Defätismus ging es weiter zu Kapitalismus, Faschismus, Konterrevolution, Opportunismus, Karrierismus, Sozialdemokratismus, Militarismus, Doppelzünglertum, Sabotage, Diversion und Konspiration – um nur die geläufigsten dieser Begriffe zu nennen. Natürlich ist diese Taktik auch in politischer Hinsicht durchaus nichts Neues. Solche Begriffe spielen in der Gegenwart dieselbe Rolle wie in alten Zeiten etwa die Worte Ketzerei, Abgötterei, Zauberei, Papismus, Majestätsbeleidigung, Insubordination oder Rebellion. Nur die Massenhaftigkeit und Unverfrorenheit der Anwendung bildet wie üblich den peinlichen Unterschied gegenüber früher.

Sich gegen diese Taktik der unbesehenen Verurteilung zur Wehr zu setzen, ist sehr schwer. Nur in Ausnahmefällen wird es möglich sein, den abträglichen Begriff auf sich zu nehmen und mit Worten wie »Na und?« in aller Ruhe auf die Vorwürfe zu sprechen zu kommen, die sich hinter den summarischen Bezeichnungen verbergen. In den allermeisten Fällen ist es klüger, seine Zugehörigkeit zu diesen Gruppen energisch zu bestreiten und zunächst einmal Beweise zu fordern. Geschickterweise kann man die unbedachte Anwendung solcher Verurteilungen seinerseits wieder mit vorgeprägten Pejorativen brandmarken und sagen, ein solches Vorgehen sei Diffamierung, Ehrabschneidung, Beleidigung, Überheblichkeit, Autokratismus, Abweichlertum, Mißachtung der Gesetzlichkeit und ähnliches. Hat man sich in dieser Form zunächst seiner Haut gewehrt, dann kann sich die eigentliche sachliche Debatte in Ruhe entwickeln. Die vollkommene begriffliche Abwertung und Verwirrung, die daraus im großen entsteht, geht zu Lasten derjenigen, die immer glauben, auch Ideen und Gedanken und die Regeln des Denkens und Urteilens nach ihrer Willkür und zu ihrem vorübergehenden Nutzen mißbrauchen zu können.

Die Zitierung von Autoritäten

Eine Beweismethode, die früher die allergrößte Bedeutung besaß, die aber auch heute noch unter besonderen Umständen zu beachten ist, besteht in der Bezugnahme auf *Autoritäten.* Diese Anrufung der höheren Weisheit anderer Personen, welche meist in der Form des Zitats geschieht, ist einer Denkart gemäß, die an höhere Erleuchtung glaubt und auf Offenbarungen vertraut. Sie hatte früher hauptsächlich in der theologischen Diskussion ihre Heimat, in der es auf die rechte Auslegung von Glaubenssätzen und auf die Aussprüche derjenigen Personen ankam, die der unmittelbaren metaphysischen Erkenntnis teilhaftig waren. Sie wird heute noch allgemein in der Wissenschaft verwendet, wo die umfangreiche Anführung von Belegstellen Glanz und Elend jeder gelehrten Darstellung ist. In der Rechtswissenschaft spricht man von »Präjudizien«, wenn eine Bezugnahme auf die Urteile hoher und angesehener Gerichte erfolgt, von »Präjudizienkult«, wenn diese Bezugnahme übertrieben und die notwendige Auseinandersetzung mit dem Problem dadurch beeinträchtigt wird. Letztlich ist, wie Schopenhauer in seiner Eristik (Streitkunst) bemerkt, alle juristische Argumentation, sofern sie sich auf die Geltung des Gesetzes beruft, die Anführung einer Autorität.

Daß auch das literarische Zitat, welches zum Schmucke der Rede oder der schriftlichen Äußerung dient, eine solche Bezugnahme darstellt, ist klar. Hier ist es weniger die Richtigkeit einer sachlichen Feststellung, für die der Gewährsmann als Zeuge aufgerufen wird, als vielmehr die Kraft des Ausdrucks und die Schlüssigkeit der Formulierung, in welcher der Dichter oder Schriftsteller als Autorität erscheint.

In der Politik scheint allerdings die Zitierung von Autoritäten dem aufgeklärten Zustand unseres heutigen europäischen Denkens nicht mehr recht gemäß. Daß im fließenden Strom der Zeit und bei der dauernden Veränderung aller Gegebenheiten endgültige und verläßliche Urteile über politische Fakten kaum denkbar sind und daß sich folgende Generationen nicht mit Sicherheit auf das stützen können, was vor ihnen gesagt und geurteilt wurde, ist heute allen Einsichtigen klar. Hier wie auch sonst mag allenfalls die ehrliche Auseinandersetzung mit einer früheren begründeten Ansicht ein lohnendes Ziel geistigen Bemühens sein. Der schändliche Mißbrauch jedoch, der mit dem Vertrauen des Volkes auf die Unfehlbarkeit politischer Größen getrieben wurde, hat bewirkt, daß das Publikum gegen diese Art der Argumentierung skeptisch geworden ist.

Ganz ohne Rücksicht auf diese zeitbedingte Grundeinstellung der heutigen Menschen sucht der Kommunismus eine in äußerster Konsequenz autoritätsgläubige Weltanschauung aufzurichten. Die Art, wie hier die Großen der Partei zitiert und wie überhaupt politische Fragen in Form angeblich wissenschaftlicher Deduktion erörtert werden, erinnert stark an die Disputierweise der Scholastik und ermöglicht über Herkunft und Erfolgsaussichten der Bewegung gute Aufschlüsse.

Übrigens besteht eine gewisse Verbindung zwischen der Methode des Zitierens der Autorität und der bereits erwähnten Streittaktik, die die Ansicht des Gegners aus sich selbst zu widerlegen sucht. Indem man nämlich zunächst einen früheren Ausspruch des Gegners zitiert, erweist man diesem die Ehre, ihn gewissermaßen als Sachverständigen zu dem strittigen Fall gelten zu lassen. Dies geschieht jedoch in der schnöden Absicht, die Folgerungen aus den eigenen Worten des Angegriffenen ganz anders ausfallen zu lassen, als dieser es wollte. Als Beispiel diene wiederum der denkwürdige Ausspruch des Schülers mit dem Zeugnis: »Nicht wahr, Vater, *du hast es doch selbst immer gesagt:* die Hauptsache ist, daß wir alle gesund sind!«

Leider bietet nun auch die Berufung auf eine Autorität – genau wie alle anderen Streitfiguren – ungeachtet ihrer grundsätzlichen Berechtigung die verschiedensten Möglichkeiten der falschen und mißbräulichen Anwendung. Dagegen hilft die Kenntnis einiger wichtiger Grundsätze.

Einmal ist zu fordern, daß das Zitat überhaupt stimmen und sachlich auf den gegebenen Fall zutreffen muß. Das klingt wiederum sehr einfach. Jeder Wissenschaftler und jeder Richter weiß dagegen, daß diese elementare Voraussetzung durchaus nicht immer gegeben ist. Sehr oft werden in Schriftsätzen und Abhandlungen allerlei Literaturstellen in der Weise zitiert, daß lediglich die abgekürzte Angabe der Fundstelle aus einem anderen Werk abgeschrieben wird, ohne daß sich der Verfasser die Mühe gemacht hat, die Stellen nachzulesen. Bei näherer Prüfung findet der Leser einen Teil der Zitate überhaupt nicht, weil die angegebenen Ziffern nicht stimmen. Ein weiterer Teil betrifft ganz andere Sachverhalte, als sie zur Behandlung stehen, und ein letzter Teil lautet gar nicht im Sinne der vom Verfasser vertretenen Ansicht, sondern spricht bei genauem Hinsehen gegen ihn. Daß daher bei der Riesenmenge von Schriftgut, das überall zu beachten ist, die Zitierweise zu einem schwierigen Sonderproblem wird und daß ein gewisser Zug der Zeit dahin geht, überhaupt nicht mehr zu zitieren, um den Text nicht ungenießbar zu machen, ist eine Folge davon.

Weiter muß gefordert werden, daß das Zitat in dem Zusammenhang wiedergegeben wird, in dem es verfaßt wurde. Es ist unzulässig, eine Äußerung aus ihrer textlichen Nachbarschaft zu reißen oder sie unter Weglassung von Satzzeichen oder einschränkenden Nebensätzen in ihrer Bedeutung umzufälschen. Beispiele dafür sind in humoristischen Darstellungen der journalistischen oder werbetechnischen Geschicklichkeit oft gegeben worden.

Schließlich aber muß die angerufene Autorität wirklich auf dem Gebiete zuständig sein, auf dem sie bemüht wird. Es ist nicht am Platze, Ferdinand Sauerbruch zu zitieren, wenn von Problemen der Architektur die Rede ist, wie andererseits Mozart oder Einstein zu Fragen der Medizin nicht in Anspruch genommen werden sollten. Es liegt etwas Ungerechtigkeit in dieser Forderung; denn man sollte, was ein großer Mann gesagt hat, auch außerhalb seines Fachgebietes hören, weil es gar nicht immer im Interesse der Sache selbst liegt, daß sich nur die ausgemachten Spezialisten zu den Problemen äußern. Trotzdem tut man gut, die Regel zu beachten, um sich nicht billigen Einwendungen auszusetzen.

Am interessantesten liegen die Dinge wiederum auf dem Felde der Politik. Hier zeigt es sich, daß die kluge Handhabung von Zitaten eine gefährliche Diskussionswaffe ist, die besonders denjenigen zu schaffen macht, die durch Errichtung einer totalitären Autorität die Geister der Unterwürfigkeit selbst erst herbeigerufen haben. Für eine vom staatlichen Zwang bedrängte Bevölkerung besteht die einzige zulässige

Art des Kritisierens oft darin, daß auf Reden, Aufsätze und gesammelte Werke der führenden Männer des Regimes Bezug genommen wird, um über Mißstände Klage zu führen. Nichts ist den Herren unangenehmer als das. Da sich nach einem ungeschriebenen Gesetz die Generallinien solcher Staaten dauernd ändern und auch die leitenden Persönlichkeiten einem merkwürdigen Verschleiß unterliegen, entstehen beim dummklugen Zitieren solcher Aussprüche die peinlichsten Verlegenheiten. Man durfte eben 1940 nicht mehr zitieren, was Gregor Strasser anno 1930 einmal gesagt hatte – das mußte der Untertan einfach wissen. Und ob man sich zu gegebener Zeit auf Lenin oder Stalin, Liebknecht, Molotow oder Rosa Luxemburg berufen darf oder nicht, ist durchaus eine Frage jener politischen Wissenschaft, von der die Schöpfer dieser Zustände gern sprechen. Daß auf solche Weise alte Zeitungsblätter aus der eigenen Parteipresse das allerärgste Gift für die Massen enthalten, ist wiederum eine Tatsache höheren Humors.

Natürlich haben die Regime für den äußersten Fall auch wieder eine Waffe zur Hand, mit der sie sich gegen solche Bloßstellungen wehren. Sie nennen Personen, die ihnen mit Zitaten oder anderen unliebsamen Vorhaltungen lästig werden, kurzerhand »Provokateure« und schaffen sich durch diese vorsorgliche Abstempelung, die dem oben dargestellten Streitgrundsatz entspricht, eine Handhabe zur Bekämpfung der Kritiker. Wie es aber mit der geistigen Autorität der Führenden in Wirklichkeit bestellt ist und warum man das, was sie früher gesagt haben, später nicht mehr erwähnen darf, bleibt dennoch eine peinliche und folgenschwere Frage.

Die Beanstandung der Fragestellung

Bei der Erörterung der folgenden Streittaktik könnte der Einwand erhoben werden, daß diese wegen ihrer grundsätzlichen Bedeutung eigentlich am Anfang der Aufzählung hätte erscheinen müssen. Denn diese Methode ist dadurch gekennzeichnet, daß der Streiter gar nicht auf das angeschlagene Thema der Auseinandersetzung eingeht, sondern bestrebt ist, die Debatte als solche zu verhindern oder in eine neue Richtung zu lenken. Da diese Streitfigur jedoch zu den schwierigeren, weniger geläufigen Taktiken gehört, mag sie erst jetzt im Anschluß an die bisher aufgeführten Arten behandelt werden.

Diese Methode kann abgekürzt als Beanstandung der Fragestellung bezeichnet werden. Sie geht noch über den Wirkungsgrad der alten ignoratio elenchi (in freier Übersetzung: Abweichen vom Beweisziel) hinaus, weil sie nicht erst während des Streites vom Thema abkommt, sondern das Diskussionsziel von vornherein und grundsätzlich angreift. Sie ist nicht so unangebracht, wie es scheinen könnte, sondern im Gegenteil bei richtiger Handhabung von großer wissenschaftlicher Bedeutung und in vielen Fällen Trägerin des Fortschritts und Erweckerin neuer Erkenntnisse. Sie stiftet jedoch, wo sie fälschlich angewendet wird, Verwirrung und wirft dann – ungewollt oder gewollt – die Erörterung über den Haufen.

In gewissen Fällen gewährt sie den einzig möglichen Ausweg aus einer im übrigen festgefahrenen Situation. Wenn dich zum Beispiel dein kleiner Michael fragt, warum es denn der liebe Gott heute zum Kinderfest regnen lasse, obwohl er – Michael – doch die ganze Zeit so brav gewesen sei, was antwortest du dann? Dann kannst du auf die Frage selbst im Grunde gar nichts antworten! Du kannst nur die Fragestellung als solche aufs Korn nehmen und erwidern, daß man die Sache so nicht sehen dürfe. Der liebe Gott müsse beim Wettermachen noch vieles andere außer dem Kinderfest beachten. (Daß man die Fragestellung noch entschiedener umstoßen kann, bleibe dem kleinen Michael gegenüber unerwähnt.)

In der Tat ist die Beanstandung der Frage immer dann notwendig, wenn die bisherigen Lösungsmethoden an eine gewisse Grenze ihrer Anwendbarkeit gelangt sind. Diese Grenze liegt in den Dingen selbst und muß mehr erfühlt als bewiesen werden.

Die alten Astronomen hätten ewig weiterstreiten können, ob die Himmelslichter an der kristallenen Himmelkugel festgemacht seien oder ob sie dort in Schienen oder auf Rollen entlangliefen – man wäre zu keiner Erkenntnis der Wahrheit gekommen, wenn nicht schließlich die ganze Frage als solche aufgegeben und durch neue Problemstellungen ersetzt worden wäre.

Genauso steht es mit den meisten technischen Fortschritten. Jemand, der die Reisegeschwindigkeit durch Vorspannen immer weiterer Pferde hätte erhöhen wollen, wäre mit seiner Kunst bald am Ende gewesen. Und der Seufzer Goethes:

> »Wüßte nicht, was sie Besseres erfinden könnten,
> als wenn die Lichter ohne Putzen brennten!«

hätte, wenn man die in ihm vorgegebene Denkrichtung verfolgt hätte, zu keiner neuen Erfindung geführt. Die Frage wurde auf einem ganz anderen Wege gelöst, und nun brennen die Lichter tatsächlich ohne Putzen.

Darum ist in vielen Debatten, die in unserer Zeit über Gegenstände des öffentlichen Lebens stattfinden, die Beachtung der Fragestellung von größter Bedeutung. Wer die Gerechtigkeit so pflegen wollte, daß er immer neue Gerichte und Behörden schaffte, befände sich von einem gewissen Punkte an auf dem toten Gleis. Dasselbe gälte von der Bemühung, das Lebensniveau der Bürger durch immer neue staatliche Subventionen heben zu wollen. Wer seine Gesundheit dadurch erhalten möchte, daß er immer neue Drogen und Medikamente zu sich nimmt, leidet an der Unfruchtbarkeit der Fragestellung ebenso wie der Reiche, der sein seelisches Wohlbefinden nur durch Steigerung von Luxus und Zerstreuung erhöhen wollte.

Umgekehrt ist klar, daß durch zweckbedingten Mißbrauch dieser subtilen Methode viel künstlicher Nebel geschaffen werden kann. Vor allem sollte es sich gehören, daß man sich zu *Anfang* der Diskussion über das klar wird, was erörtert und bewiesen werden soll. Erst dann die Fragestellung anzugreifen, wenn man sich in die Enge getrieben fühlt, ist gegen den kämpferischen Anstand. Aber auch wer sich von vornherein auf eine Debatte wegen der angeblichen Unrichtigkeit der Problemstellung nicht einlassen will, muß dies klar begründen können.

Die Schwierigkeit ist nur, daß man es der Fragestellung nicht immer sogleich ansehen kann, daß sie unfruchtbar ist und in die Irre führt. Es gehört ein bereits bestehender Überblick über den mutmaßlichen Verlauf und Ausgang der Diskussion dazu, um den Partner auf die Sinnlosigkeit des Vorgehens hinweisen und diese Ansicht auch überzeugend begründen zu können. Bei schwierigen wissenschaftlichen Fragen ist dies normalerweise nicht zu verlangen. Schon bei alten und bekannten Problemen, wie denen des Perpetuum mobile oder der Quadratur des Zirkels, ist der Beweis dafür, daß es sich um unlösbare Fragen handelt, nicht so leicht zu erbringen. Bei neuen und akuten Fragen kann von den Beteiligten, die noch vollständig in den Dingen befangen sind, nicht gefordert werden, daß sie das Ziel der Erörterung schon vor deren Beginn erkennen.

Daraus wird klar, daß diese Argumentation nicht so sehr

von ehrlichen, mitten in der Sache stehenden Geisteskämpfern verwendet wird als vielmehr von listigen, gewohnheitsmäßigen Debattierern, die sich vor einem längst erkannten Verlauf der Erörterung zu hüten verstehen. Der Satz: »So darfst du die Frage *nicht* stellen!« ist daher in Teilen unseres Landes zu einem Witzwort geworden, mit dem die Art und Weise karikiert wird, in der Funktionäre auf unbequeme Vorhalte antworten. Wenn etwa die Frage käme, warum eigentlich die Grenzen der durch die gemeinsame Idee verbrüderten Staaten gegeneinander so streng abgeschlossen seien, daß nicht einmal der Sonntagsausflugsverkehr herüber und hinüber stattfinden könne, dann wird erwidert, daß man die Frage so eben *nicht* stellen dürfe. Mann müsse statt dessen fragen, wie dem schändlichen Treiben der Spione und Diversanten am wirksamsten Einhalt geboten werden könne.

Die Taktik, hinter das gegnerische Argument zu kommen

Man kann, wie die Erörterung über die Fragestellung gerade zeigte, bei den einzelnen Streitmethoden solche mit mehr direkter und solche mit mehr indirekter Angriffsrichtung und Wirkung unterscheiden. Diese Feststellung ist für das Argumentieren vor allem in wissenschaftlichen, literarischen oder publizistischen Kontroversen von erheblicher Bedeutung. Hier ist es oft wünschenswert, dem Gegner nicht in die von ihm vorgegebene Gedankenrichtung folgen und den Streit mit denjenigen naheliegenden Argumenten und Gegenargumenten austragen zu müssen, die – wie zu Anfang bemerkt – als Antithese mehr oder weniger aus der ersten Behauptung, der These, hervorgehen. Es gibt vielmehr der Erwiderung Tiefe und Gewicht, wenn sie auf unbekanntem Wege und unter Benutzung neuer Gesichtspunkte ankommen und den anderen von einer nicht vorausbedachten Seite her angreifen kann.

In der Tat existiert eine weitere solche Streitfigur. Mit allen Vorbehalten, die gegen eine Verwendung räumlich-körperlicher Bilder bei geistigen Vorgängen angebracht sind, läßt sich sagen, daß es möglich ist, den Gegner zu umgehen, *hinter* sein Argument zu gelangen und ihn von seinem geistigen Fundament zu trennen.

Es geschieht dies dadurch, daß mehr oder weniger gegen den Willen des Opponenten die Grundlagen untersucht werden, auf denen sich seine Ansicht historisch, kulturell, psychisch oder anderweit aufbaut. Es wird mit anderen Worten klargelegt und beleuchtet, *warum* der Gegner das eine oder das andere so behauptet und begründet, wie er es tut. Diese Klarstellung gehört oft nicht recht zur Sache. Sie kompliziert die Erörterung und führt in die Breite. Trotzdem oder eben darum ist sie geeignet, denjenigen, der solche Erwägungen anstellt, als scharfsinnigen und eigenständigen Beurteiler erscheinen zu lassen.

In der Wissenschaft wird diese Methode meist so gehandhabt, daß die geistigen Ahnherren, Lehrmeister oder Vorbilder des Vertreters einer Meinung ermittelt werden und daß auf diese Weise versucht wird, den betreffenden Autor oder Referenten geistig zu »orten«. Mit einer solchen Feststellung machen sich viele kleinere Geister nützlich, die zur Sache selbst nichts Eigenes zu sagen haben, die aber mit ihrer die geistige Situation umgreifenden Feststellung dennoch verdienstlich wirken wollen.

Wäre also zum Beispiel davon die Rede, ob das Abendland nun wirklich, wie von Spengler behauptet, im Untergang begriffen sei oder nicht, so würden die mit der obigen Methode vertrauten Debattierer zunächst einmal erörtern, wie Spengler seinerseits kulturgeschichtlich zu lokalisieren sei. Sie würden ausführen, daß er auf Nietzsche und Schopenhauer fuße und infolgedessen zu der décadence-benommenen Philosophie des ausgehenden 19. Jahrhunderts gehöre. Wenn nun hieraus gefolgert und bewiesen würde, daß Spengler durch diese geistige Abstammung etwa das eine oder das andere Wesentliche übersehen habe, was gegen den Untergang des Abendlandes spräche, so wäre das durchaus wissenswert. Bis dahin gelangt aber die landläufige Handhabung dieser Taktik meist nicht – und so bleibt die Ermittlung der geistigen Väter des Autors für die eigentlich interessierende Frage, *ob* denn nun das Abendland untergeht oder nicht, im Grunde wenig wichtig.

Zugleich ist mit der Hervorhebung der kulturellen Abstammung üblicherweise eine leichte Abwertung des gegnerischen Standpunktes verbunden. Dies wird zwar nicht ausgesprochen und ist im Grunde auch nicht berechtigt, hilft aber trotzdem beim Streiten. Denn wir sind in unserer Zeit bekanntermaßen so auf Originalität und Individuation eingeschworen, daß schon die Erwähnung kultureller Nährböden, auf denen ein Autor wurzelt, dem Ideal seiner geistigen Neuheit schadet. Daß im Grunde jeder Sterbliche seine Kenntnisse und Ansichten von irgendwoher bezogen hat und daß vor allem die anderen trotz gleicher Kenntnis dieser Quellen ihrerseits nichts Eigenes daraus zu machen wußten, bleibt meist unbeachtet.

Die Taktik des geistigen Umgehens kennt noch weitere Spielarten. So ist es ein beliebter Gegenzug, dem anderen persönliche oder materielle Interessiertheit an seinem Standpunkt nachzuweisen. Wenn behauptet werden kann, jemand werde von einer Partei, einer Interessengruppe, einer staatlichen Institution dafür honoriert, daß er eine bestimmte Ansicht vertrete, oder er tue das, weil er eingeschriebenes Mitglied einer Partei, Geschäftsführer des Verbandes der Kohlenhändler oder Besitzer von sechs Lichtspielhäusern sei, dann wirken diese Feststellungen zerstörend auf die Überzeugungskraft der vorgetragenen Äußerung. Die Tätigkeit des Lobbyisten ist der öffentlichen Meinung nicht geheuer. Warum? Eigentlich schwer zu sagen. Im Grunde und rein logisch gesehen, ist es ja doch ohne jeden Belang für die sachliche Richtigkeit einer Ansicht, ob der Urheber dafür bezahlt wird oder nicht. Jedoch hat sich das öffentliche Gewissen daran gewöhnt, in solchen Fällen vorsichtig zu sein. Da wir die edlen Ideale der Klassik zu respektieren erzogen sind, ist uns die absolute Freiheit des Denkens und Urteilens Voraussetzung für den geistigen Kredit einer Meinung – wenn auch in der Praxis kaum ein Fall auftritt, in dem diese Voraussetzung wirklich gegeben ist. Es mag jedoch so viel richtig sein, daß sich die Versuchung zu dialektischen Betrüglichkeiten in dem Maße vergrößert, in dem aus irgendeinem Grunde von vornherein die Notwendigkeit besteht, daß das Ergebnis so oder so ausfallen muß.

Im Notfalle und bei gleichzeitiger Verwendung der eigentlich sachlichen Argumente ist es daher gut erwidert, wenn man dem Gegner seine persönlichen Bindungen und seine Verpflichtung zur Erzielung eines bestimmten Ergebnisses vorhalten kann.

Die subtilste Methode, dem Inhaber guter Argumente in den Rücken zu fallen, ist die psychologische. Sie versucht, die Ausführungen des Gegners durch den Nachweis zu widerlegen, sein Standpunkt gehe zwangsläufig aus seinem Charakter, seiner Stimmung oder seinen sonstigen Eigenarten hervor. Auch hier soll im Ergebnis festgestellt werden, daß der andere nicht aus freier Überlegung handle und urteile, sondern daß er mit seiner ganzen Einstellung nur der Knecht seiner eigenen besonderen Veranlagung sei.

Wenn der Ehemann beanstandet, daß die Wohnung nicht aufgeräumt und seine Anzüge nicht gebügelt seien, dann wird eine streitgewandte und in der Wahl ihrer Kampfmittel abgehärtete Ehefrau erwidern, der Mann sei ein ausgemachter Pedant und könne eben nicht anders als nörgeln. Diese Taktik hat zugleich den Vorteil, daß sie vom konkreten Streitpunkt weg in die Allgemeinheit führt, so daß vom Zustand der Wohnung und der Anzüge dann nicht mehr die Rede ist.

In diesem Zusammenhang gilt es bei Gerichten und anderen die Wahrheit erforschenden Instituten von alters her als bedenklich, wenn eine Aussage im Affekt, in Liebe oder Haß, vorgetragen wird. Ob das immer richtig ist, bleibt dahingestellt. Vom Haß jedenfalls ist bekannt, daß er oft schärfer sieht als ein unbeteiligtes Gemüt. Jedoch ist die praktische Bedeutung des Einwands, der andere sei »voreingenommen« und »nicht sachlich«, groß. Man muß dieses Argument also zu verwenden und ihm zu begegnen wissen.

Mit der breiteren Kenntnis psychologischer Zusammenhänge ist es gebräuchlich geworden, das Selbstgefühl — besonders im Zustande seiner Schädigung – als für Handeln und Urteilen seiner Mitmenschen maßgebend zu betrachten. Von einem, der eine entschiedene Anordnung trifft, heißt es dann rauh, daß er »sich nur dick tun« oder seine »verdrängten Minderwertigkeitsgefühle abreagieren« wolle.

Besonders garstig, aber durchaus verbreitet ist es, wenn zu diesem Zwecke die Erkenntnisse der Sexualpsychologie herangezogen werden. Fast alle *moralischen* Bestrebungen sind dann dem rüden Einwand ausgesetzt, daß sie auf entsprechenden »Verdrängungen« beruhten, auf Neidgefühlen der Nichtsünder, auf der Herrschsucht der im Leben zu kurz Gekommenen, und daher keinen Anspruch auf sachliche Würdigung hätten. Im Grunde ist aber fast jeder Standpunkt auf diese Weise in Mißkredit zu bringen. Und vor allem sind es durchaus entgegengesetzte Ansichten, die bei einiger Findigkeit mit dieser Taktik unterhöhlt werden können. Die Befürworter wie die Gegner der Todesstrafe, die Schreiber wie die Bekämpfer der Schmutz- und Schundliteratur, die Freunde und Feinde des Nacktbadens, die Stolzen und die Demütigen, die Fleißigen und die Faulen müssen sich auf Kritiken gefaßt machen, die ungeachtet des sachlichen Für und Wider auf unterschwellige Bewußtseinsvorgänge Bezug nehmen.

Das Zusammenwirken der verschiedenen Spielarten dieser Methode und eine gewisse Vorliebe der Intellektuellen für diese Argumentierungsart sind letzten Endes auch für den großen und merkwürdigen Hang zur Desillusionierung maßgebend, der unserem modernen Geistesleben eigentümlich ist. Auch hierbei wird die geistige Umfassung überall mit Eifer betrieben. Denn der Entdecker, der so vorgeht, beweist damit, daß er tiefer sieht als die anderen. Er leuchtet hinter die Kulissen. Er gräbt das Objekt mitsamt der Wurzel aus. Und damit dies auch von anderen bemerkt wird, sucht er überall nach neuen Hintergründen, läßt kein fertiges Urteil auf sich beruhen und wertet damit alles ab, was bisher festen Bestand in der Meinung der Menschen hatte. Sämtliche Ideale der früheren Zeit sind von den Klugen auf diese Weise kritisch zusammengesäbelt worden. Religion? Wurzelt in Angst und Beschränktheit der Menschen und im Machthunger der Kirchen! Naturliebe? Typische Flucht des Bürgertums vor den eigenen zivilisatorischen Schöpfungen! Liebe? Nicht viel mehr als eine Drüsenfunktion! Vaterland? Zweckvorstellung, von der herrschenden Schicht dem Volke eingetrichtert! Und überall ist ein Haar in der Suppe, wenn man es so betrachtet! Kein Wert steht mehr auf sich selber, keine Meinung ist ohne Zweckbestimmung, und außer dem Ruhme des Wahrheitssuchers bleibt im Grunde nichts Erfreuliches zwischen den Ruinen.

Es ist aber auch recht einfach, sich dieser lästigen Taktik zu erwehren. Man braucht nur dem Aufklärer energisch auf die gleiche Art zuzusetzen. Auch sein Tun und Reden wird, wenn man genauer hinsieht, von irgendwelchen verborgenen Motiven beeinflußt. Auch ihm ist es um die Stärkung des werten Selbstgefühls zu tun, die mit dem Bewußtsein der klügeren Wahrnehmung eintritt. Darüber hinaus kann man den vielen, die in der Welt nur das Schlechte sehen und sich vor Pessimismus nicht zu lassen wissen, auch überraschenderweise auf medizinischem Wege beikommen und sagen, daß die mangelhafte Funktion ihrer Leber- und Gallenwege offenbar den Grund ihres trüben Gemüts bilde.

Man scheue den damit verbundenen Umweg nicht; denn er macht sich auf das beste bezahlt. Ist nämlich einmal klargestellt, daß der eine mit seiner Betrachtung auf Nietzsche gründet, der andere hingegen den Neukantianern zuzurechnen ist, hat man es sich bescheinigt, daß der Mann ein Pedant, die Frau dagegen von Grund auf liederlich und hysterisch ist, dann kann sich das beiderseitige Interesse wieder ungestört den eigentlichen sachlichen Streitfragen zuwenden.

Im übrigen empfiehlt es sich, um auf die entsprechenden Einwände gefaßt zu sein, die Gegebenheiten von vornherein etwas zu beachten. Zum Beispiel ist die psychologische Betrachtung dann von Wichtigkeit, wenn zur Durchsetzung von gemeinsamen Forderungen Sprecher oder Vertreter vorgeschickt werden müssen. Hier dürfen diese Abgesandten möglichst nicht mit solchen Charaktereigenschaften versehen sein, die Einwände gegen ihre Person herausfordern. Es ist leider so, daß für gewisse kämpferische Posten des sozialen Lebens oft solche Leute sich anbieten oder gewählt werden, die von Natur aus mit eckigen Wesenszügen ausgestattet sind. Diese ziehen dann leicht den Vorwurf auf sich, daß sie notorische Radaumacher seien, worunter ihre Überzeugungskraft zum Schaden aller leidet. Ein kluger Gruppenstratege wird auf solche Möglichkeiten Rücksicht nehmen müssen.

Im weiteren Sinne ist es auch der Einwand der Befangenheit im Gerichtsverfahren, der auf die seelischen Hintergründe der Entscheidung abzielt und dem eine urteilende oder anordnende Stelle nicht ausgesetzt sein sollte.

Auch die Taktik, hinter das gegnerische Argument zu gelangen, ist letzten Endes in tieferen geistigen Zusammenhängen begründet. Es ist der Vorgang der fortschreitenden Bewußtwerdung, der sich auf diese Weise im dialektischen Wechsel vollzieht und den man nicht aufhalten kann, auch wenn im begrenzten Rahmen die Möglichkeit der Erwiderung bestehen sollte. Jeder Gedanke, jedes Ideal und jede Ansicht, die zunächst fest auf sich selber zu bestehen schienen, werden nach einiger Zeit in ihrer geistigen und kulturellen Bedingtheit erkannt. Der Mensch wird sich der Abhängigkeit seines Denkens und Handelns fortschreitend bewußt. Es ist die Ehre und die Tragik seines Geistes, daß er den Weg der absoluten Selbstdurchforschung gehen muß – auch wenn er auf diese Weise im Kreise laufen oder im Nichts enden müßte.

Die Taktik der Verwirrung

Eine letzte und sehr bedenkliche unter den Streitarten, die mit den bisher geschilderten an geistiger Bedeutung nicht zu vergleichen, in der Praxis aber trotzdem nicht selten ist, läßt sich so gut wie gar nicht erlernen und auch nur mangelhaft beschreiben. Man beherrscht diese Tour, oder man beherrscht sie nicht. Sie wird meistens von wenig gebildeten, primitivschlauen Zeitgenossen ohne rechtes Bewußtsein ihrer selbst angewandt und hilft in solchen Fällen, in denen eine geistvolle Entgegnung ohnehin nicht zum Ziele führt.

Diese Taktik besteht nur darin, den Streitstoff durch konfuses Gerede so durcheinanderzubringen, daß der Gegner möglichst vergißt, wozu er eigentlich angetreten war und was er wollte, und der Sache bald überdrüssig wird. Wenn man nicht auf seiner Hut ist, können sich dabei die Fronten völlig umkehren, und jeder vertritt im Laufe der Debatte mehrmals den Standpunkt des anderen abwechselnd mit seinem eigenen.

Wer diese Methode verwendet, redet in schnellem Tempo eine Menge Zeug daher, das ganz außerhalb der Sache liegt, holt in seinen Entgegnungen über fünf Vororte aus und kommt auf den Kern des Streites überhaupt nicht mehr zu sprechen, wird erregt, als sei ihm bitter Unrecht geschehen, und schweigt schließlich mit einem wehen Blick, der den Gegner auffordert, das grausame Spiel doch endlich einzustellen. Der Gegner wiederum versucht natürlich zuerst, wie es sich gehört, hinter diesem Wortschwall einen vernünftigen Sinn zu entdecken, gibt sich die redlichste Mühe damit, als stünde er vor einem Werke abstrakter Kunst, findet einen Zusammenhang aber doch nicht und gibt es schließlich auf, mit dem Rappelkopf weiter zu streiten. Die bezeichnende Rede über einen solchen Meister der wilden Verteidigung, der wie ein angegriffener Wels den Schlamm um sich her zu einer trüben Wolke aufwirbelt, lautet, daß man mit ihm nicht reden, nichts anfangen könne. Der Erfolg ist, wie beabsichtigt, daß er in Zukunft zunächst ungeschoren bleibt.

Die Bekämpfung dieser Streitweise geschieht durch Geduld. Man lasse nicht locker. Man stelle die Fragen, auf die der betrügliche Schwätzer so umschweifig antwortet, immer von neuem. Er muß sich in einem Schlammgewölke müde zappeln, bis man sich aus dem, was er *nicht* erwähnt und worum er herumredet, sein Bild gemacht hat und ihm seine Schwächen auf den Kopf zusagen kann. – In einem Gelände freilich, wo man die Höflichkeit achten muß, wie in der Diplomatie oder in der Wissenschaft, ist es schwierig, mit einem Vertreter dieser Taktik fertig zu werden. Hier macht sich die Fähigkeit zu geistvoller Verunklarung oft gut bezahlt. Es ist damit zumindest ein gewisser Zeitgewinn verbunden. Obendrein kann der listige Nebelwerfer noch so tun, als plage er sich mit der Klarstellung der Sache regelrecht ab und als sei es nur der außerordentlichen Schwierigkeit der Materie und dem Unverstand der anderen zuzuschreiben, daß man so nicht weiterkomme.

Aber auch hier entscheidet die Ausdauer. Für lange Zeit in dieser Weise zu streiten, wirkt kompromittierend. Allmählich kommen auch die Gutgläubigsten dem Täuscher auf die Schliche; denn auf die Dauer ersetzt Unklarheit keine Argumente.

Die Taktik, dem anderen recht zu geben

Zur Abrundung des Bildes sei schließlich eine Methode erwähnt, die, was man auch von der vorigen schon hätte sagen können, im Grunde keine Methode ist. Man muß sie mehr des Humors wegen betrachten und sie dort, wo sie im volkstümlichen Rahmen mitunter auftritt, meistens mit Lächeln quittieren. Sie besteht darin, daß der Angegriffene dem erbosten Gegner im vollen Umfange und mit derselben Lautstärke beipflichtet, mit der er angegriffen wird. Das macht sich vor allem dann recht gut, wenn die Beschwerde nicht an den Getadelten selbst, sondern an ein Aufsichtsorgan gerichet ist. Dessen Vertreter ruft dann emphatisch aus: »Jawohl! Ganz recht! – Gar keine Frage! – Eine bodenlose Unverschämtheit!« und nimmt damit dem wütenden Gast jeden Grund zur Aufregung. Diese Technik ist allerdings nur dann am Platze, wenn aus der Beanstandung keine materiellen Konsequenzen mehr folgen können, wenn es sich also mehr um einen Tadel der Form oder der Umstände handelt. Eltern, die Beschwerden über ihre Abkömmlinge entgegennehmen müssen und sich im übrigen einer Verletzung ihrer Aufsichtspflicht nicht bewußt sind, können auf diese Weise die erzürnten Nachbarn am besten beruhigen. Sie werden laut ausrufen, daß sie mit dem Rüpel wahrhaftig gestraft seien – na, und wenn er nach Hause komme, dann könne er etwas erleben.

Der vom Feind geführte Stoß geht so ins Leere. Überrascht von dem Ergebnis, statt eines Gegners einen angeblichen Bundesgenossen gefunden zu haben, muß der Beschwerdeführer nach Hause gehen. Mit dem Erfolg könnte er eigentlich zufrieden sein. Daß er es dennoch nicht ist, führt wieder in jene Bereiche des tieferen Humors, die nicht ohne Grund der Kunst des Streitens benachbart sind.

Zum äußeren Verlauf der Diskussion

Unsere Bemühung, das innere Gefüge des Argumentierens zu erkennen und die verschiedenen Methoden der streitbaren Entgegnung zu schildern, ist in der Weise vorangeschritten, daß wir nach Schilderung der sehr grundlegenden logischen und dialektischen Operationen zuletzt auf recht oberflächliche Taktiken des Streitens zu sprechen gekommen sind. Einige Hinweise über die äußere Durchführung der Diskussion, über das Wie und Wann des Streitens müssen sich anschließen. Hier das rechte Maß und die rechte Art zu wissen und sich gleichzeitig auf die Eigenart des Gegners gehörig einstellen zu können, ist genauso wichtig wie die sichere Handhabung der einzelnen Argumente und bedeutet gewiß schon den halben Weg zum Erfolg.

Ob man sich auf eine Debatte einlassen muß

Bereits die Einlassung auf die Diskussion ist ein Problem für sich. Es bleibt richtig, daß man die Angriffe, die der Feind beginnt, tapfer und energisch zurückweisen soll, um sich Respekt zu verschaffen. Etwas anderes ist es jedoch, ob man eine Diskussion, die zunächst ganz sachlich und friedlich sein kann, immer dann mitmachen soll, wenn ein anderer sie zu beginnen für nützlich hält. Es gibt allerlei Leute, die beruflich oder weltanschaulich darauf ausgehen, ihre Mitmenschen in Gespräche zu verwickeln – meist natürlich mit dem Zweck, sie sodann zu einer finanziellen Verfügung, einer milden Gabe, einem Zeitschriftenkauf, einem Vereins- oder Parteibeitritt oder ähnlichem zu veranlassen. Wenn man solche Personen vor sich hat, dann erinnere man sich zunächst eines unveräußerlichen Menschenrechtes, nämlich des Rechtes, das tun oder lassen zu dürfen, was man selbst für angebracht hält.

Wenn man keine Lust hat, sich mit jemandem zu unterhalten, dann soll man sich nicht dazu zwingen lassen.

Erscheint also der Angehörige einer religiösen Sekte an der Wohnungstür, um eine missionarische Bekehrung mit einem durchzuführen, dann gilt es, sich schnell zu entscheiden. Wer hier versucht, auf die Worte des Propheten einzugehen und diesen zwingend zu widerlegen, gerät in Schwierigkeiten. Denn der Besucher, in vielen Redegefechten geübt, hat die Gedankenbahnen, in die die Unterhaltung geraten kann, schon ungezählte Male durchlaufen und sich gegen die feindlichen Einbrüche mit Fußangeln und Spanischen Reitern verbarrikadiert. Auf jeden Fall zieht sich die Diskussion erheblich in die Länge, und wenn der Angesprochene erst später, nachdem ihm die Sache zuviel geworden ist, Ausflüchte macht, gerät er moralisch ins Hintertreffen und ist außerdem für die spätere Fortsetzung der Bekehrungsarbeit vorgemerkt. Er sollte daher seinen Wunsch, die Tür zumachen zu wollen, rechtzeitig kundtun und in die Tat umsetzen.

Hohe Herren – Regierungschefs, Diplomaten, Industriekapitäne – haben es in dieser Beziehung leichter. Ihre Zeit wird respektiert, und ihnen gegenüber gilt es bereits als Erfolg, wenn sie sich überhaupt zu einer persönlichen Unterredung bereit erklärt haben. Der gemeine Mann muß sich, nötigenfalls durch Ausreden, die erforderliche Verfügungsfreiheit über seine Zeit erst schaffen.

Die Häufung von Argumenten

Des weiteren ist zu überlegen, in welcher Reihenfolge und Sortierung die Gründe, die einem zur Verfügung stehen, vorgebracht werden müssen. Ob man die kräftigen Argumente zuerst und die schwächeren danach aufführt oder umgekehrt, ist nicht einerlei und vor allem danach verschieden, ob man für den Streit die nötige Zeit hat oder nicht.

Man hüte sich normalerweise davor, die Argumente zu häufen und sie aus einer gewissen Ängstlichkeit heraus alle mit einem Male auf den Tisch zu werfen. Der überlegene Fechter erweist sich auch im geistigen Streit darin, daß er den Verlauf der Kontroverse übersieht, oder noch besser, daß er diesen Verlauf selbst zu bestimmen weiß. Er läßt den Gegner an sich herankommen und hebt sich seine besten Hiebe für den Fall auf, daß ihm der andere in den wohlvorbereiteten Hinterhalt geht. Keineswegs wird er durch vorzeitige Entgegnungen den anderen erst auf den Trichter bringen. Die Wahrheit des Sprichworts »Qui s'excuse, s'accuse« beruht auf diesem Gedanken.

Es ist also falsch, dem Gericht zu schreiben: »Der Beklagte hat am 15. 9. 62 im Roten Hirsch ausdrücklich und vor Zeugen erklärt, daß er mir seinen Lieferwagen verkaufe. Sollte er etwa behaupten, daß er, als er dies sagte, betrunken gewesen sei, so trifft dies nicht zu. Er hatte, als wir von der Sache sprachen, erst zwei kleine Helle getrunken.« Warum dem Gegner den Einwand, daß er betrunken gewesen sei, in den Mund legen? Dieser mag selber entscheiden, ob er den für ihn peinlichen Grund überhaupt vortragen will. Der Kläger wird sich auf diese Entgegnung vorbereiten, wird jedoch seine Erwiderung erst dann bringen, wenn es nötig ist.

Auch hier keine Regel ohne Ausnahme. Wenn man seiner Sache ganz sicher ist, das Gelände übersieht und (z. B. bei wissenschaftlichen Vorträgen) darauf angewiesen ist, seine Zeit zu nutzen, oder wenn überhaupt keine Diskussion stattfindet und man sich daher mit dem Gegner vorsorglich auseinandersetzen muß, kann man es unternehmen, die gegnerischen Einwände selbst anzuführen. Man nimmt damit dem Feind den Wind aus den Segeln und hat den Vorteil, daß man dessen mutmaßliche Entgegnung von sich aus ein bißchen zurechtmachen kann, so daß sie sich um so leichter widerlegen läßt. Das wirkt bei einer größeren Zuhörerschaft, gerade *weil* es gefährlich ist, sehr gut. Muß man dagegen mit schwierigen Einwänden rechnen, dann lasse man es lieber darauf ankommen, was der Widersacher von den Schwächen der Ausführungen bemerkt, und warte die Attacke ab.

Das Zurückhalten guter Gründe

Gefährlich ist es allerdings, anstatt seine guten und sicheren Gegengründe gleich anzubringen, zunächst auf die Argumentation des Gegners einzugehen und zu versuchen, diesen an seinen eigenen Beweisen scheitern zu lassen. Gewiß ist diese Methode, wenn sie Erfolg hat, von großer Eleganz und verrät jene geistige Überlegenheit, die wir eben für beispielhaft erklärt haben. Nur darf so etwas keinesfalls schiefgehen, und wer das Gelände nicht ganz genau übersieht, sollte lieber den sicheren Weg benutzen, der ihn nicht in die Irre führen kann.

Ein hübsches humoriges Beispiel, wie so etwas mitunter danebengelingt, ist der bekannte Dialog über das Haarschneiden im Dienst, dessen zweiter Teil zu Unrecht weniger volkstümlich geworden ist als der erste.

Ein Angestellter kommt zum Chef und bittet um eine Stunde Freizeit, da er zum Friseur gehen wolle.

Der Chef sagt: »Die Dienstzeit ist nicht zum Haarschneiden da, Herr X!«

Der Angestellte erwidert: »Die Haare wachsen im Dienst, folglich dürfen sie auch im Dienst geschnitten werden.«

Der Chef will dem Manne den Fehler in seiner Beweisführung ankreiden und sagt: »Jaaaa – die Haare wachsen aber nicht *nur* im Dienst!«

Darauf der Angestellte: »Jaaaa – ich will sie mir ja auch nicht *alle* herunterschneiden lassen!«

Da hat der Chef die Bescherung! Hätte er seinen richtigen Standpunkt, daß die Dienstzeit nicht zum Haareschneiden da ist, richtig begründet, anstatt sich auf das betrügliche Argument einzulassen, daß die Haare während des Dienstes wachsen und »folglich« auch während dieser Zeit geschnitten werden dürfen, wäre ihm die humorvolle Pleite sicher erspart geblieben.

Ähnliches gilt für Verhandlungen mit aufdringlichen Reisevertretern. Wer hier – abgesehen von der Möglichkeit, überhaupt die Tür zuzumachen, von der wir schon sprachen – nicht von Anfang an klipp und klar sagt, daß er den angebotenen Artikel nicht haben wolle, sondern statt dessen vielleicht Zweifel an der Betriebsfähigkeit des Gerätes oder Bedenken wegen der Zahlung äußert oder erklärt, daß er sich im Augenblick nicht entschließen könne, der ist im nächsten Moment an die Wand argumentiert. Denn die Zweifel am Gerät werden durch sofortige umfangreiche Vorführungen behoben, Zahlungsbedenken durch verlockende Ratenangebote ausgeräumt, und im übrigen kommt der tüchtige Mann, wenn es jetzt nicht passen sollte, gern noch mehrere Male wieder. Und wenn der Kunde *dann* erst sagt, daß er den ganzen Apparat im Grunde gar nicht wünsche, ist er moralisch (ganz zu Unrecht) im Nachteil und muß sich ein befremdetes Gesicht ansehen.

Die Auswahl der Argumente

Ferner ist es wichtig, die verschiedenen Argumente einzeln auf ihre Wirkungskraft zu prüfen und eine weise Auswahl unter ihnen zu treffen. Gründe, die so schwächlich sind, daß sie vom Gegner leicht widerlegt werden können, sollten überhaupt wegbleiben. Man darf die Sache dann nicht nach der Qualität betrachten und meinen, daß einige zusätzliche Beweise im ganzen gesehen nur nützen könnten. Das Gegenteil ist der Fall. Läßt man nämlich die schwachen Gründe vorangehen und den oder die gewichtigen folgen, so nimmt man den letzteren die Wirkung, weil diese dann als in letzter Not vorgebrachte Ausflüchte erscheinen müssen. Läßt man aber die starken Gründe vorangehen und die schwachen hinterherkommen, dann verringert man nachträglich den guten Eindruck, den die ersteren gemacht haben, und gibt dem Gegner Mut zu weiterem Widerstand.

Vor allem, wenn ein Ersuchen mit stichhaltigem Grund *abgelehnt* werden muß, empfiehlt es sich, den entscheidenden Gesichtspunkt voranzustellen und sich nicht bei Nebensächlichkeiten und weniger wichtigen Erwägungen aufzuhalten, sonst endet die Sache mit einem moralischen Minus für den Ablehnenden, auch wenn dieser an sich mit seinem Standpunkt durchaus im Recht ist.

Wenn dich also deine Freunde bedrängen, daß du eine jener öden Sauftouren mitmachen sollst, die dir schon längst zuwider sind, so suche einen handfesten Grund, mit dem du deine Teilnahme unangefochten ablehnen kannst. Auch der Moralist wird dir für solche Zwecke eine Notlüge gestatten. Aber sage nicht, daß du an dem Tage »zu arbeiten« habest; denn dann sagen die, daß man die Sache deinetwegen gern auf einen anderen Tag verschieben könne. Sage nicht, daß du zum Zahnarzt müßtest, denn das könntest *du* allerdings, wenn du wolltest, auf einen anderen Tag verlegen. Sondern sage, daß der Arzt bei dir Schäden festgestellt habe, die dir den Konsum von geistigen Getränken durchweg verbieten und dich zum zeitigen Schlafengehen zwingen. – Daß auch im öffentlichen Leben die Gesundheitsrücksichten als Begründung für Rücktritt oder Ablehnung so beliebt sind, hat natürlich ebenfalls in dieser Bewandtnis einen Grund.

Im privaten Bereich wäre es noch besser, du sprächest klar aus, daß dir an diesem Unternehmen nichts liege und daß man bei ähnlichen Gelegenheiten nicht mehr auf dich zählen könne. Denn letztes und unwiderlegliches aller Argumente ist, wie schon oben erwähnt, immer das eine, daß du, kurz und rund heraus gesagt, *nicht möchtest* und daher gegen deinen Willen auch nicht dazu gezwungen werden kannst. Indem du solcherart deine unverlierbaren Grundrechte in den Vordergrund stellst, wirst du dir viele unerwünschte Debatten ersparen. Den anderen bleibt unter diesen Umständen nichts übrig, als dich dir selbst zu überlassen. Das bedeutet zwar meist den Abbruch der Beziehungen. Jedoch geschieht dies in einer für dich durchaus dekorativen Weise, weil du als eigenwilliger und starker Charakter das Feld behauptet hast. Daß in Fällen wie dem eben genannten »der erste Verdruß besser als der letzte« sei, sagt schon das Sprichwort, und daß du dir die Konsequenzen vorher überlegen mußt, weißt du von selbst.

Die gegenseitige Behinderung der Gründe

Mißlich bei der Anführung *mehrerer* Gründe ist es ferner, daß sich die Argumente mitunter gegenseitig behindern und in der Wirkung ausschließen, so daß man auch insoweit besser getan hätte, sich auf einen einzigen Beweis zu beschränken. Ein juristischer Witz berichtet von einer schlechthin vollständigen Art, wie man sich gegen die Rückforderung eines Darlehens zur Wehr zu setzen habe. Man müsse einwenden:

1. man habe das Darlehen überhaupt nicht erhalten,
2. der Gläubiger habe einem die Rückzahlung erlassen,
3. man habe den Betrag längst bezahlt,
4. die ganze Forderung sei verjährt.

Über die Wirkung dieser Argumentenhäufung auf die Glaubhaftigkeit der einzelnen Punkte braucht nichts ausgeführt zu werden. Jeder der genannten Gründe steht zu den übrigen im Widerspruch.

Ähnliche Situationen entstehen häufiger, als es der wohlkonstruierte Witz vermuten läßt, und vor allem dann, wenn sich der Streitende auf das gefährliche Feld der Lügen und Ausreden begibt. Was wäre etwa von den Angaben eines Autofahrers zu halten, der, nach den Gründen eines Zusammenstoßes befragt, erklären würde, er habe erstens das andere Auto überhaupt nicht kommen sehen, weil dieses die Scheinwerfer nicht angestellt hatte, ferner habe er im Hinblick auf den großen Abstand angenommen, daß ihn der andere noch vorbeilassen werde, drittens sei das Schild, das die Vorfahrt auf seiner Straße wieder aufhob, nicht deutlich zu erkennen gewesen?

Die äußere Form des Diskutierens

Durchaus nicht unwesentlich für den Erfolg eines Streites ist die äußere Form, in der die Debatte geführt wird. Die Ansichten, was hier richtig und zweckmäßig ist, sind sehr verschieden. Nach alter Väter Sitte wurde ein Streit mit lauter Stimme und sichtbarer Erbitterung geführt, so daß die innere Einstellung der Kämpfer in diesem Verhalten ihren natürlichen Ausdruck fand. Nach heute vorherrschender, im wesentlichen am angelsächsischen Vorbild orientierter Auffassung ist die beherrschte, kühle, sachliche Art der Auseinandersetzung die ideale. Es dürfte aber durchaus Geschmackssache sein, ob der Anblick gesitteter Herren, die sich in distinguierter Weise gut formulierte Bosheiten beibringen, dem zweier stürmisch aufeinander loskollernder Kampfhähne wirklich vorzuziehen ist.

Uns scheint, als ob vor allzu betonter Ruhe beim Diskutieren eher zu warnen sei. Wenn nicht die bewußte Selbstbeherrschung gerade als Kontrast zu einem maßlos sich ereifernden Gegner wirken soll – was natürlich immer richtig ist –, erweckt die auffällige Kühle der Diktion und des Verhaltens leicht den Anschein, als ob der Betreffende nicht ehrlich und mit dem Herzen bei der Sache sei. Das gilt vor allem für den sozial Höhergestellten, wenn er sich mit einfachen Leuten anlegen muß. Wer hier den Kühl-Überlegenen markiert, gilt beim Publikum leicht als eingebildeter Pinsel und gewinnt keine Sympathien. Wenn dagegen der Gutsituierte es nicht verschmäht, mit gerötetem Haupte und zornigen Augen sein Recht zu verfechten, dann sehen die anderen, daß der feine Mann ein Herz hat wie sie und sich aufregen muß, wenn ihm Unrecht geschieht. Dieser Gesichtspunkt verdient bei den verschiedensten sozialen Auseinandersetzungen mehr Aufmerksamkeit, als ihm mitunter beigemessen wird.

Auch ist die Äußerung von Temperament und Lautstärke entschieden gesünder als die verbissene Kälte, die die Gefühle ungut nach innen schlagen läßt. Und da wir doch sonst so auf die Pflege unseres Unterbewußtseins und auf seelische Hygiene bedacht sind, sei »Frei von der Leber weg!« die Parole.

Leider gibt es manche Richter oder andere Entscheidungsbefugte, bei denen mit der Lautstärke Vorsicht geboten ist. Aus Gründen, die wiederum im reizbaren und anfälligen Selbstgefühl ihren Ursprung haben, schätzen diese den Kampfeslärm nicht und verfolgen jedes laute Wort in der Verhandlung mit Feuer und Schwert. Das ist ein falscher und im Grunde unmenschlicher Standpunkt. Erregte Menschen, die das Recht, sich streiten zu dürfen, noch dazu durch Prozeßkosten erkaufen müssen, soll man nicht in ihrer natürlichen Ausdrucksgewalt beschränken. Auch sie wollen vom Prozeß etwas haben. Nicht nur dem Ochsen, der da drischet, sondern auch dem, der *sich* drischet, soll man das Maul nicht verbinden. Im übrigen erfährt der Richter von Leuten, die mit dem richtigen Schwung ins Zeug gehen, den wahren Sachverhalt besser als von den besonnenen Debattierern.

Doch gebietet die Klugheit, sich den Anschauungen der Obrigkeit zu fügen, wobei die rechtzeitige Erkenntnis dieser Eigenheiten eine Kunst für sich ist.

Überhaupt ist die Achtung des Selbstgefühls – sowohl des Gegners als auch des Trägers der Entscheidungsbefugnis – eines der allerwichtigsten und schwierigsten Dinge beim Streiten. Es handelt sich ja doch in der Praxis bei den meisten Diskussionen nicht nur darum, seinen Standpunkt klar und unanfechtbar zu vertreten und den Widerstand des Feindes wirksam zu zerschmettern, wie wir es der richtigen Abfolge wegen in unserer Anleitung zunächst schildern mußten. Vielmehr ist der wahre Meister hier wie überall daran zu erkennen, daß er die an sich richtigen Regeln in lebendiger Weise zu figurieren und dem jeweiligen Sachverhalt anzupassen weiß.

So ist es – entgegen der logischen und sprachlichen Vorschrift – niemals gut, dem anderen eine fertige Meinung in perfekter Klarheit und vorgefaßter Formulierung aufdrücken zu wollen. Das sieht nach Diktatur und Paukertum aus und reizt zum Widerspruch. Es beeinträchtigt mitunter auch die Glaubhaftigkeit, weil eine allzu glatte Formulierung nicht als echter Ausdruck der Überzeugung, sondern als zweckbestimmtes Machwerk des berechnenden Verstandes erscheint. Hier ist daher der Punkt, an dem alle Lehrbücher der Rede- und Vortragskunst an die Grenzen ihrer Nützlichkeit gelangen. Denn da diese Anleitungen notwendigerweise die Glätte und Perfektion des Vorbringens erstreben müssen, lassen sie jenen Typ des rhetorischen Künstlers entstehen, der eben wieder wegen der allzu glänzenden Geläufigkeit der Darstellung auf moderne Zuhörer verdächtig wirkt. Hier mag daher die äußerste Klugheit des Streitens darin bestehen, eben aus Gründen der Überzeugungskraft die Gewalt der Rede und den Glanz der Diktion vorsichtig zurückzumindern. Die geistige »Tiefstapelei« ist hier zu bevorzugen. Auf jeden Fall soll der Redner nach alter Regel den Beginn seiner Darlegungen recht ruhig und sachlich halten und eher den Eindruck zu erwecken suchen, als ob er sich um die wirklich treffende Formulierung erst während der Erörterung bemühte.

Denn niemand unterwirft sich gern einer fremden Ansicht. Jeder möchte ein origineller Kopf und eigenständiger Denker sein. Vor allem der Richter schätzt das Bewußtsein, *über* dem Zank der Parteien zu stehen und seinen Spruch aus eigener Erleuchtung gefunden zu haben. Die Streitpartei soll demnach gar nicht erst den Versuch machen, das Urteil in überlegener Formulierung schon vorwegzunehmen, sondern lieber in einer gewissen Befangenheit des Vortrags und der Beweisführung bleiben, welche die Entscheidung nicht fordern oder erzwingen, sondern bescheiden erbitten will.

Auch was den *Inhalt* der streitigen Rede betrifft, ist es immer richtig, dem Gegner die Beweisgründe *allmählich* beizubringen. Man verfahre, sagt Schopenhauer in seiner Eristik, aus Hast und Eifer meist umgekehrt. Man solle aber, wenn man einen Widerspenstigen vor sich habe, immer »die Prämissen vorhergehen und die Konklusio folgen lassen«. »So leise«, fährt der Philosoph fort, »muß die Wahrheit unter den Menschen auftreten!« – Hier liegt möglicherweise auch die geheime Weisheit der langen Verhandlungen und Palaver, die bei einfachen Völkern zur Vorbereitung schwieriger Entscheidungen üblich sind und für die der zeitraffende Zivilisationsmensch so wenig Verständnis hat. Diese langanhaltenden Debatten sind nötig, um eine Lösung des Falles langsam heranreifen zu lassen, so daß am Ende gar nicht mehr so genau feststeht, wer die Schlußabmachung eigentlich wünschte, und Zorn und Neid über Sieg oder Niederlage auf ein möglichst geringes Maß beschränkt werden.

Der Humor beim Streiten

Ein ähnlicher Ratschlag muß leider für die Verwendung des Humors gelten. Humor ist eine Gottesgabe. Jedoch beruht er auf innerem Abstand und bezeugt Geist und Seelenstärke dessen, der ihn besitzt. Der Anblick eines Menschen, der diese Eigenschaft hat, wirkt aber auf andere, die sie nicht haben, durchaus nicht immer erfreulich. Mag sein, daß in Filmen und Theaterstücken der strahlende, lächelnde Held alle Herzen für sich gewinnt, wenn er seine Widersacher mit pointierten Bemerkungen matt setzt – in der tristen Wirklichkeit ist das nicht so. Hier weckt der Anblick eines heiteren Überwinders den Neid der Zeitgenossen und den Vorsatz, diesem Liebling der Götter zu beweisen, wie schwierig das Leben ist. Die alte Diskussionsregel, daß man Ernst mit Humor und Humor mit Ernst beantworten soll, bleibt deswegen richtig. Was aber den Beginn einer Auseinandersetzung betrifft, so empfiehlt es sich, eher mit der Miene eines von den Zeiten gebeutelten, jedoch wohltuend gefaßten Menschen vor den Gegner oder Richter zu treten und seine Sache recht ernst und verhalten vorzubringen. Der Streitende vermeide jeden Ausdruck der Siegeszuversicht oder der Freude über einen vorteilhaften Verlauf des Verfahrens. Erst sein betrüblicher Anblick wird in dem anderen das befriedigende Gefühl erwecken, daß es ihm im Grunde besser gehe, und gestärkt von dieser Feststellung wird er am ehesten bereit sein, das Ansuchen zu bewilligen oder die fremde Meinung gelten zu lassen.

Die Gefahr, lächerlich zu wirken

Umgekehrt soll diese Regel nicht besagen, daß man das Vergnügen der anderen an seiner Erscheinung so weit erhöhen soll, daß sie *über einen* lachen. Es wirkt sowohl ein übertrieben demütiger wie ein über das Maß hinaus selbstbewußter Sprecher lächerlich. Im allgemeinen aber besteht auch hier die Regel, daß man der Gefahr, verlacht zu werden, durch bescheidenes Auftreten leichter entgeht als durch das Gegenteil. Man sei also mit Äußerungen des Selbstlobs recht vorsichtig.

Die Gefahr beginnt schon bei Kleinigkeiten. Wer statt »meine Frau« »meine Gattin« sagt, weil er meint, das sei vornehmer, haut bereits daneben. Erst recht sei man mit anerkennenden oder auch mit wehleidigen Äußerungen über seine Gesundheit, seine Familie oder seine Arbeit vorsichtig. Reden wie »ich habe wahrhaftig Tag und Nacht gearbeitet«, »ich führe, wie man weiß, ein gutes Familienleben« oder »ich bin für meine Großzügigkeit bekannt« soll man auch und gerade in der Hitze des Gefechtes nicht führen. Man bekommt von so etwas leicht Spitznamen. Lobende Feststellungen müssen die *anderen* von einem treffen – und wenn es sein muß, veranlasse man, *daß* es die anderen tun. Hier liegt, abgesehen von der Kenntnis des Juristischen, der gute psychologische Sinn der Strafverteidigung. Wenn der Anwalt Gutes und Gewinnendes von seinem Klienten sagt, dann ist das in Ordnung und wirkt auf die Zuhörer. Wenn der Angeklagte selbst zu seinem Lobe reden würde, fände man das anmaßend oder lächerlich, und die Wirkung wäre gerade entgegengesetzt als beabsichtigt.

Um eine unerwünscht spaßhafte Wirkung streitiger Ausführungen zu vermeiden, ist allerdings außer den äußeren Verhaltensregeln die Art der Formulierung von größter Wichtigkeit. Jeder Fehlgriff im Ausdruck kann verursachen, daß die Zuhörer zu lachen anfangen und die Streitrede wirkungslos wird. Dabei kommt es auf äußerste Feinheiten der Wortwahl, des Satzbaus und der Gedankenführung an. Ergründen zu wollen, wie hier im einzelnen die Zusammenhänge sind und welche Regeln beachtet werden müssen, würde tief in das geheimnisvolle Gefüge der Sprache und des Ausdrucks führen. Vieles richtet sich nach der Situation, den Eigenarten der Beteiligten und dem Hintergrund der Auseinandersetzung, die jeweils verschieden sind.

Nur auf eine sonderbare Einzelbeobachtung sei hingewiesen. Die ungeschickte Konkretheit der Formulierung macht ein Vorbringen lächerlich. Die vorsichtige Abstrahierung dagegen wirkt würdig und ernsthaft. Ganz entgegen den Ratschlägen enragierter Spracherzieher, nach denen die Abstrahierung häßlich und verschraubt, die Konkretheit dagegen farbig und anschaulich wirke und daher immer vorzuziehen sei, gibt es eine sonderbare Typik von Worten und Gegenständen, die niemand in einer ernsthaften Rede verwenden kann, ohne die Wirkung in Gefahr zu bringen. Ob dies nun an der skurrilen Wortbildung liegt oder an der Anspielung auf Menschliches-Allzumenschliches – jedenfalls sind Begriffe wie Dachpacksack, Stiftzahn, Strohhut, Regenschirm, Sauerkraut, Einmachtopf oder Klappstuhl, wo immer sie unbedacht angeführt oder zusammengestellt werden, Schmunzelerreger. Warum, ist im Grunde schwer zu sagen. Fest steht aber, daß man der Heiterkeitswirkung entgehen kann, wenn man statt solcher Ausdrücke die entsprechenden abstrakten Begriffe wie ›Transportgerät‹, ›Bekleidungsgegenstand‹, ›orthopädisches Mittel‹ verwendet.

Das gilt im weiteren Sinne auch für die ganze Darstellungsweise. Angenommen, ein einfacher Mann brächte vor Gericht seine Rechtsansicht wie folgt vor: »Hohes Gericht, sehen Sie mal: der Staat hat Grundstücke, Wälder, Ölgemälde, Ritterrüstungen, Edelsteine, Autos und Eisenbahnen und das viele Geld – ich habe bloß meinen Anzug, meine alte Tabakspfeife, mein Eßbesteck und mein Kaffeegeschirr und die vier Bände Brockhaus von 1937 – könnten die mir da, wenn sie mich schon mit dem Postauto über den Haufen fahren, nicht ein paar Mark mehr bezahlen, als sie das bei einem anderen tun würden?« Würde das die Herren etwa überzeugen? Wohl kaum. Dabei ist der Gedanke, der hinter diesen ungemäßen Worten steht, durchaus ernst zu nehmen. Wenn ihn das Oberlandesgericht München in einem Urteil formuliert, klingt die Sache so: »Die statthafte Berücksichtigung der sehr beschränkten wirtschaftlichen Verhältnisse des Klägers läßt die Ausgleichsfunktion eines angemessenen Schmerzensgeldes besonders in den Vordergrund treten, wenn auch der Umstand, daß dem geringen Vermögen des Geschädigten auf der Seite der beklagten Partei das Fiskalvermögen gegenübersteht, zu keinem das Schmerzensgeld erhöhenden Wertausgleich führen darf.«

Dabei muß aber umgekehrt schon wieder festgestellt werden, daß auch eine solche behördlich-juristische Ausdrucksweise zum Lächeln reizen kann, wenn sie etwa in einer mehr volkstümlichen Szene verwendet würde.

Gerät man nämlich in der Umgebung einfacher Leute über alltägliche Dinge in Streit, wie das Schließen von Omnibusfenstern oder den Lärm im benachbarten Campingzelt, dann sind wieder alle langatmigen, klagenden, moralisierenden Ausführungen fehl am Platze. Wer hier seine Sätze nicht prägnant und in überraschender Diktion formulieren kann, zieht den kürzeren. Besonders gilt dies dann, wenn ein Fremder in eine Gruppe Dialekt sprechender Einheimischer gerät. Hier sind Witz und schlagfertige Wirkung so sehr vom eingebürgerten Sprachgebrauch oder -mißbrauch abhängig, daß niemand hoffen kann, im kühlen Hochdeutsch die nötige Publikumswirkung zu erzielen.

Was also richtig und effektvoll ist, entscheidet sich aus dem Zusammenwirken vieler Imponderabilien. Es werden dabei die Grenzen sichtbar, bis zu denen eine verstandesmäßige Anleitung noch helfen kann und über die hinaus Intuition, Witz und Formulierungskraft verdientermaßen allein den großen Erfolg bedingen.

Der berufsmäßige Redner und Argumentierer wird aus dem eben dargestellten Zusammenhang wiederum im Umkehrschluß entnehmen, daß man nötigenfalls die gegnerischen Ausführungen dadurch bagatellisieren und ins Lächerliche ziehen kann, daß man sie auf einige profane oder schnurrig klingende Konkreta zurückschraubt. Ein Redner, dem eine Wehrdebatte zu lange dauerte oder sonst unerwünscht wäre, könnte dann etwa anregen, man solle doch die Einzelheiten – wieviel Mündungsschoner, Fußlappen und Dosen Verstreichfett nun jeweils benötigt würden – für heute unerörtert lassen.

Die Beanstandung der Form

Eine beliebte Ausflucht von Widersachern, die sachlich nichts mehr zu entgegnen wissen, ist es, die *Form* zu beanstanden, in der sich der andere äußert. Zumal das weibliche Geschlecht besinnt sich, nachdem es zunächst kräftig mitgefochten hat, bei schwieriger werdenden Positionen gern auf alte Höflichkeitsvorrechte und sagt dann: »Überhaupt verbitte ich es mir, daß Sie mich so anschreien!« Dem Gegner soll, wie es der Zusatz »Sie Flegel!« auch häufig ausspricht, der Komplex beigebracht werden, daß er sich nicht zu benehmen wisse und die ganze Auseinandersetzung irgendwie falsch angefangen habe. Diese Taktik ist recht wirkungsvoll. Der Gegeneinwand, daß die Richtigkeit des Inhalts den Mangel an Form entschuldigen müsse, kann nicht überzeugen.

Man soll diese Möglichkeit daher beizeiten berücksichtigen und dem Feinde die Chance nicht geben. Denn wo man berechtigterweise ohne Einlassung auf die Sache bereits die Form rügen kann, ist das ein Vorteil, den niemand auslassen wird, und das ist allerdings ein Grund, warum die kühle, ruhige Diskussionsweise in wichtigeren Debatten als empfehlenswert gilt. Vor allem die Vertreter der öffentlichen Gewalt, etwa Schalterangestellte oder Polizeibeamte, sind von diesem boshaften Einwand immer bedroht. Die allzu temperamentvolle Äußerung kann hier, obwohl die Ordnungshüter sachlich im Recht sind, zu Beschwerden und Maßregelungen führen.

Die Taktik des Persönlichnehmens

Eine ähnlich unangenehme Taktik ist es, wenn rein sachlich gemeinte und vorgetragene Argumente vom Angeredeten »persönlich genommen« werden. Dies geschieht meist dann, wenn eine Streitpartei aus Anlage oder besonderem Grunde auf Verschärfung des Streites bedacht ist. Es erfolgt dann eine Rückbeziehung des vom Gegner Gesagten auf die eigene Person, die an sich dem Inhalt nach gar nicht begründet ist, mit der aber der Anlaß für eine hitzigere Kampfart vom Zaune gebrochen wird.

Wenn der Pensionsgast feststellt, daß die Leberwurst des Schlachters Meier von Woche zu Woche schlechter werde, dann kann es geschehen, daß die Wirtin gereizt erwidert, *sie* habe jedenfalls immer ausdrücklich die gute Leberwurst verlangt, und sie sei auch schon in anderen Geschäften genügend nach Leberwurst herumgelaufen. Das ist unsachlich erwidert; denn einen Vorwurf gegen die Wirtin hatte der Gast ja gar nicht ausgesprochen. Selbst *wenn* dieser aber hinterhältigerweise alle möglichen Gelegenheiten benutzen sollte, um durch solche Beanstandungen die Wirtin nervös zu machen, hätte es niemals Sinn, den Streit ins Persönliche zu wenden. Gerade dann sollte eine besonders ruhige und geduldige Erwiderung zur Sache selbst erfolgen.

Auch bei politischen Versammlungen ergreifen diejenigen, die durch die Angriffe des Gegners ins Gedränge kommen, gern die Ausflucht, den Beleidigten zu markieren. Sie sagen dann, es sei unglaublich, daß der Gegner »diese Dinge hier in der Öffentlichkeit zur Sprache bringe«! (»Unerhört!« schreien darauf die Anhänger im Saal.) Die Gruppe, die diese Beschwerde erhebt, leitet aus ihrer Feststellung dann das moralische Recht ab, nunmehr ihrerseits unsachlich zu werden, den Saal zu verlassen oder den Streit auf handgreifliche Weise fortzusetzen.

Man kann die Beurteilung solchen Verhaltens meist dem Publikum überlassen. Leute, die so reagieren, haben es nötig. Getroffene Hunde heulen, sagt der Volksmund.

Diesem richtigen Grundsatz entsprechend gibt es allerdings auch eine gewisse Art der hinterhältigen Rederei, die den Streitgegner in dieser Beziehung in Verlegenheit bringt. Er muß sich entscheiden, ob er die scheinbar unabsichtlich hingesprochenen Andeutungen auf sich beziehen oder ob er so tun soll, als habe er nichts verstanden. Das letztere ist aus den angeführten Gründen immer zu empfehlen. Wenn der Gegner nicht den Mut hat, offen anzugreifen, dann soll man ihm nicht behilflich sein, indem man sich von seinen Bemerkungen getroffen fühlt und die Dinge aus der Verteidigung heraus zur Sprache bringt. Allenfalls darf man, wenn sich Gelegenheit dazu bietet, auf die gleiche leichthin anspielende Manier erwidern und dann die schwachen Punkte in der Position des anderen attackieren.

Die Ausdauer beim Streiten

Auch über die Ausdauer beim Streiten ist ein Wort zu sagen. Unsere nervöse, änderungssüchtige Zeit hat die unheilvolle Neigung, an eine Art Inflation von guten Argumenten zu glauben. Das bedeutet, daß viele richtige und durchaus zeitgemäße Gedanken nur deshalb in der allgemeinen Meinung an Wertschätzung verlieren, weil sie seit Jahr und Tag in Gebrauch und von niemand bestritten sind. Man sagt dann gern, diese Ansicht sei ein alter Hut, und kann es nicht erwarten, daß die Debatte von irgendeiner Seite her eine neue Wendung erfährt.

Das ist um so bedenklicher, als dieselbe labile Menschheit – wie sie durch die Wissenschaft auch recht gut weiß – den Praktiken einer geschickten Suggestion ziemlich wehrlos unterliegt, wobei es bekanntlich zu den wesentlichen Mitteln der

Suggestion gehört, so lange immer wieder dasselbe zu sagen, bis das Unterbewußtsein des Angesprochenen das Gesagte für immer festhält.

Jeder Streitende – er sei nun Politiker, Rentenantragsteller oder Prozeßpartei – nehme sich daher vor, sich so lange nicht von seinen guten Gründen abbringen zu lassen, bis ihm diese nicht sachlich widerlegt sind. Er sage es dem Gegner wieder und wieder mit den gleichen oder auch mit anderen Worten. Er lasse sich durch ungeduldiges Gehabe nicht beirren. Er lasse sich als stur verschreien, aber er weiche keinen Fingerbreit von seinem gerechten Standpunkt.

Das gilt natürlich erst dann, wenn sich der Gegner seinerseits durchaus nicht scheut, seit Jahr und Tag mit demselben betrüglichen Unsinn anzurücken, und das zähe Festhalten an der einmal gefaßten Meinung nur bei anderen beschimpft.

Hier fühlt sich die müde gewordene Intelligenz in unbegreiflicher Geniertheit mitunter verpflichtet, ihrerseits Standpunkte und Argumente gefällig wechseln zu lassen. Nichts ist verkehrter und gefährlicher als das. Fest bleiben! Das Richtige und Wahre immer wieder aussprechen! ein ruhiges Gesäß hilft bei Verhandlungen genauso viel wie ein geschwinder Kopf. Und ein Geduldiger ist von jeher besser denn ein Starker. Man lasse die *anderen* des Falles überdrüssig werden, wenn sie wollen. Man lasse die Verhandlung ergebnislos auffliegen, wenn es sein muß. Aber man sage noch im Hinausgehen, wie sich die Dinge richtig verhalten.

Maß und Ziel des Streitens

Auch die Streiterei, wir haben es schon betont, will – wenn sie Erfolg bringen soll – mit Lust und Liebe betrieben sein. Jeder, der in die Arena des Geistes steigt, muß sich mit der nötigen Energie und Härte wappnen und den festen Willen haben, sich durchzusetzen. Er muß vor allem das Bewußtsein gewinnen, daß er sich durchsetzen *kann*, wenn er nur fest dazu entschlossen ist.

Über diesem richtigen Grundsatz darf aber niemals vergessen werden, daß der Kampf nicht um seiner selbst, sondern um eines bestimmten Zweckes willen geführt wird. Ziel aller Anstrengung ist es, den anderen zu überzeugen, ihn zumindest umzustimmen oder »herumzukriegen«. Damit dies aber geschehen und sich zu Nutz und Frommen aller Beteiligten auswirken kann, sind sowohl die kluge Einteilung der Kampfmittel als auch die stete Beachtung des verfolgten Zieles notwendig, das auch im heftigsten Kampfgetümmel nicht in Vergessenheit geraten darf. Man darf mit anderen Worten nicht wie ein geistiger Amokläufer alles um sich herum niederschlagen, nicht nach dem Verse handeln »Onkel Fritz in seiner Not haut und trampelt alles tot«, sondern muß in der Wahl seiner Mittel haushälterisch verfahren, den Kampfplatz übersehen und die Frage, was später kommen soll, nicht aus dem Auge verlieren.

Das bedeutet zunächst, daß man die eigenen Kräfte und Möglichkeiten kennen und sich ihrer Grenzen bewußt bleiben muß. Man muß wissen, was man bestenfalls erreichen kann. Die Fälle, in denen man einen Gegner ehrenhaft und doch wirkungsvoll so zusammenhauen kann, daß er keinen Mucks mehr zu sagen weiß und den Degen freiwillig aus der Hand legt, sind im körperlichen wie im geistigen Kampf äußerst selten. Die halben Siege sind die Regel, jene Gefechte, in denen von beiden Gegnern Federn und Haare auf dem Kampfplatz bleiben und der Gesamterfolg ein begrenzter ist. Um so mehr will überlegt sein, wohin man den anderen haben will und mit welchem Teilziel man sich zufriedengeben kann, damit der Gegner vielleicht das übrige von sich aus und ohne weitere Auseinandersetzung tut.

Über der Taktik des Streitens, von der bislang die Rede war, darf die *Strategie* des Streitens nicht vergessen werden.

Die Einteilung der Mittel

Man muß mit seinen Mitteln ökonomisch verfahren. Man darf sich nicht frühzeitig verausgaben, sondern muß Steigerungen der Kraftentfaltung möglichst bleiben lassen. Besser, man hat noch etwas, womit man drohen kann, als man haut seine Trümpfe mit einemmal auf den Tisch. Die gerichtliche Klage und Entscheidung vor allem bleibe immer die allerletzte, selten benutzte Möglichkeit. Man drohe sie mehrfach an und versuche, den Widersacher dadurch zum Rückzug zu bewegen. Man zeige sich auch im Prozeß so lange vergleichsbereit, wie es nützlich ist.

Die anzudrohenden Mittel brauchen aber gar nicht von offizieller Art und letzter Schärfe zu sein. Man kann auch sanftere Reaktionen – z. B. daß man den nachbarlichen Verkehr abbrechen, denjenigen oder diejenige »nicht mehr ansehen«, überhaupt »seine Folgerungen ziehen« wolle – vorher androhen und auch sonst in Ton und Art des Antwortens kluge Abstufungen treffen. Man erinnere sich an die Geschichte von dem Sachsen, der im Gasthaus zu seinem Gegenüber sagte: »Sie –, wennse mir noch emal off de Beene treten un noch emal aus meim' Glase drinken, dann – – setz'ch mich weg!« Hinter der gewissen Übertreibung, die den Witz erst zum Witz macht, ist die richtige Streittaktik des Mannes zu erkenne, die man gelten lassen kann.

Vor allem dürfen Schimpf- und Scheltreden niemals zur alltäglichen Waffe werden, wenn sie nicht binnen kurzem den Wirkungen der geistigen Inflation unterliegen sollen. Es ist mit den harten Mitteln wie mit der berühmten halbgefüllten Feldflasche: im Bewußtsein ihrer bleibenden Hilfe marschiert es sich besser, als wenn man die letzten Reserven vorher verbraucht hat. Man sagt sich dann: Er soll sich nur in acht nehmen, der Bursche! Wenn ich erst einmal explodiere, wird er sich wundern! – So gerüstet, erträgt sich vieles an gegnerischer Schlechtigkeit geduldiger – und auch das ist mitunter gut.

Am Beispiel des Ehekrachs wird besonders deutlich, warum es richtig ist, Streitigkeiten mit Maß und Ziel zu führen. Daß ein solcher Krach von Nutzen und Gesundheit sein und die Atmosphäre wohltuend reinigen kann, haben viele Autoren hervorgehoben, wobei es nicht ihre Schuld ist, daß sich meist diejenigen Leute davon angesprochen fühlen, die durch solche Grundsätze eigentlich nicht erst ermuntert zu werden brauchten. Vom rein geistessportlichen Standpunkt aus müssen auch unsere Hinweise in diesem ermunternden Sinne lauten. Wie weit sich aber der Streit ausdehnen darf und wo er sein Ende haben muß, können nur die Beteiligten selbst wissen. Der amoklaufende Krawall, der nichts unberührt läßt und alles rings in Scherben schlägt, mag zwar rein polemisch eine großartige Leistung sein, jedoch zerstört er auf die Dauer eben jenes Gemeinsame, auf dem, wie oben vermerkt, der rechte Disput erst sinnvoll mit Nutzen existieren kann. Viele, die hier blind drauflosrandalierten und nichts Positives und Verbindliches mehr übrigließen, standen dann überrascht und betreten vor den Ruinen. Das Schlimmste war eingetreten, was einem passionierten Streiter widerfahren kann: es war niemand mehr da, mit dem er sich noch streiten konnte!

Daher sei ein weiterer Grundsatz hier wie überall: den Streit begrenzt halten. Wenn es sich um das Wirtschaftsgeld handelt, so diskutiere man über das Wirtschaftsgeld. Wenn es um die Schwiegermutter geht, spreche man über diese. Urteile über die sonstigen menschlichen Qualitäten des Partners, über sein Herkommen und sein Eingebrachtes sind jedoch fehl am Platze und verbauen nur die Möglichkeit des positiven Ausgangs, der darin besteht, daß sich der andere durch die Auseinandersetzung zum Guten bewegen läßt.

Solche Maximen der Mäßigung empfehlen sich auch deshalb, weil ein mit dem Mute der Verzweiflung kämpfender Gegner immer über sich hinauswächst und neue Kräfte gewinnt. Man darf also den anderen nicht unnötig in eine Situation bringen, in der er mit dem Rücken zur Wand kämpft und ihm kein anderer Ausweg bleibt, als der nach vorne. Besonders in der Politik ist es eine wichtige Regel, daß man dem Verhandlungspartner einen Rückzugsweg und die Möglichkeit offenläßt, sein Gesicht zu wahren – was man um so leichter über sich gewinnen sollte, wenn dieses Gesicht ohnehin als das eines Gauners bekannt ist. Nötigenfalls muß man dem anderen »eine Brücke bauen« können, über die er sich mit Anstand salvieren kann.

Hat jemand also einen Untermieter, der ihm durch schlechtes Betragen unlieb ist, so muß er ihm seine üblen Eigenschaften zunächst mit der nötigen Zivilcourage bei öfterer Gelegenheit vorhalten. Das wird dem Herrn normalerweise den Aufenthalt schon verleiden und ihn zum Ausziehen veranlassen. Dieses wiederum wäre besser als gerichtliche Klage und mühselige Zwangsvollstreckung. Man hüte sich aber vor Übergriffen, die dem anderen wiederum eine Handhabe gegen einen selber geben. Und man lasse sich keinesfalls dazu hinreißen, den Mann etwa in der Nachbarschaft schlechtzumachen; denn um so schwieriger wird es für ihn, eine andere Bleibe zu finden, und um so länger bleibt er im alten Bereiche wohnen.

Ähnliches empfiehlt sich in der kaufmännsich-juristischen Korrespondenz. Hier ist mit gutem Bedacht die Wendung gebräuchlich, daß man den Empfänger bittet, »seinen Standpunkt noch einmal zu überprüfen«. Gewiß würde man statt dessen lieber schreiben: »Ihre Ausführungen sind eine bodenlose Unverschämtheit. Der Teufel soll Sie holen, wenn Sie es noch einmal wagen – –.« Aber mit solchen Formulierungen würde man den anderen in die heftigste Verteidigung drängen, während ihm die Bitte um Überprüfung den Weg weist, wie er ehrenvoll den Rückzug antreten kann.

Die Vermeidung allgemeiner Feststellungen

Ein vorzügliches Mittel, um Diskussionen in sachlichem Rahmen zu halten und den Gegner zugleich unauffällig in die gewünschte Richtung zu dirigieren, ist, daß man möglichst wenig allgemeine Urteile und Folgerungen in seinen Ausführungen unterbringt. Diese verschärfen immer die Situation und versteifen den Widerstand des Gegners, da sie, dem streithaften Anlaß entsprechend, meist die Form von herabsetzenden Äußerungen annehmen.

Wir führten weiter oben aus, daß ein Kunstgriff in der Debatte gerade darin besteht, die konkreten, sachlichen Behauptungen des Gegners in allgemeine Folgerungen umzufälschen, um sich die Erwiderung zu erleichtern. Man komme also dem Gegner nicht entgegen, indem man sich von selbst auf das Glatteis der generellen Feststellungen begibt.

Daß man, wie anfangs ausgeführt, auf Schimpfworte mit gleichen Kraftausdrücken antworten soll, bleibt deshalb weiterhin richtig. Solange man aber offensiv kämpft, vermeide man die abträglichen Folgerungen. Es wird jemand allenfalls einsehen, daß er die Schuhe nicht beim Eintreten gereinigt, ein Werkstück falsch angefertigt oder die Suppe versalzen habe – nicht aber, daß er ein Dreckfink, Stümper oder völliger Versager sei.

Man sagt also nicht: »Sie sind ein Lügner!« Sondern man sagt: »Sie behaupten, Sie hätten das Geld überwiesen. Es ist aber nichts eingegangen. Wie erklären Sie sich denn das? Und eine Postquittung haben Sie auch nicht mehr? Was soll man denn davon halten? Wo ist denn nun das Geld? Sagen Sie mir das bitte.« – Man erinnere sich, wie mitunter alte Damen sehr geschickt mit rauhen Männern zurechtkommen. Sie vermeiden alles Schimpfen, verlangen aber in bestimmter Weise dasjenige, was möglich ist, und tun das in unermüdlicher Wiederholung so lange, bis die Sache durchgesetzt ist, und sei es auch nur, weil der andere des weiteren Redens überdrüssig wird.

Aus allerehrwürdigster Überlieferung ist uns berichtet, wie Gott selbst in einem solchen Fall gesprochen habe. Er sagte nicht: »Kain, du bist ein Mörder!«, sondern: »Kain, wo ist dein Bruder Abel?« (Dein *Bruder* Abel, wohlgemerkt!) Die Antwort des Kain wiederum ist ein Beispiel für eine dreiste Entgegnung ad absurdum: »Ich weiß nicht. Soll ich meines Bruders Hüter sein?«

Die captatio benevolentiae

Der geübte Streiter wird in seinem Bemühen, mit Sinn und Ziel zu kämpfen, auch eine Taktik nicht vergessen, die in der Redekunst als »captatio benevolentiae« bekannt ist, als der Versuch, das Wohlwollen des Gegners oder des Publikums zu gewinnen. Diese Bemühung steht mit dem Zweck des Sich-Streitens nur scheinbar in Widerspruch. Ziel des Kampfes ist immer der Frieden. Je mehr der Streiter zu erkennen gibt, daß er den Gegner an sich gelten läßt und nur den von ihm vertretenen Standpunkt befehdet, um so mehr erwirbt er sich Achtung und Vertrauen.

Darum ist es geschickt und zweckmäßig, an passenden Stellen der Streitrede eine Anerkennung des Widersachers einfließen zu lassen – eine Verbeugung vor seinen Verdiensten, eine Würdigung seiner persönlichen Bemühungen oder den Ausdruck des Mitgefühls mit der Mißlichkeit seiner Situation. Das kann in der Weise geschehen, daß man sich bei seinen Ausführungen höflicherweise in die Erwägungen des Gegners hineinversetzt und Einsicht für dessen Haltung bekundet. Man sagt dann aber, daß man gerade vom recht verstandenen Standpunkt des anderen aus und in dessen eigenstem Interesse zu abweichenden Folgerungen gelangen müsse. Oder man bringt sein Befremden zum Ausdruck, daß ein Mann vom Bildungsgrad, Vermögen und Einfluß des Herrn Gegners eine so unangemessene Meinung vertrete. – Anwälte werden dem Kollegen gern bescheinigen, daß er sein möglichstes getan und sein ganzes fachliches Können aufgeboten habe, um seinem Auftraggeber nützlich zu sein – aber natürlich müsse alle Tüchtigkeit versagen, wenn die Sache selbst mit dem Recht nicht in Einklang stehe. Solche Argumentationen, in diplomatischer Weise vorgebracht, können dazu dienen, den Widerstandswillen der Gegenseite zu erweichen. Denn der Mensch, der sich in diesem rauhen Leben wider alles Erwarten von seinem Feinde freundlich behandelt sieht, wird durch diesen Befund mitunter von Rührung befallen und zum Besseren bekehrt. Und wenn, was gar nicht so selten der Fall sein wird, die guten Seiten des Widersachers wirklich existieren, dann befindet sich diese Taktik sogar in bester Übereinstimmung mit Wahrheit und Gerechtigkeit – was bei Behandlung eines Themas wie des unseren immerhin angenehm zu wissen ist.

Die Verhandlung mit Abgesandten

Eine besondere und in sich reich gegliederte Problematik entsteht übrigens, sobald mit Abgesandten oder Vertretern des Gegners verhandelt werden muß. Den Kernpunkt dieser Schwierigkeiten bildet im Grunde immer die Frage, inwieweit der Beauftragte mit seinem Auftraggeber gleichzusetzen und ihm gleich zu behandeln ist und welche Konsequenzen sich daraus für die Debatte ergeben.

Auf der einen Seite wird der Beauftragte aus dieser Situation im Streite Vorteil zu ziehen suchen. Eine bekannte Erwiderung vieler Bediensteter, an die eine berechtigte Beschwerde gerichtet wird, ist es, daß sie für die gerügten Zustände nicht verantwortlich seien. Sie seien nur kleine Angestellte, und man möge sich an die Direktion wenden. Dieser Einwand ist meist unberechtigt. Die betreffenden Hilfskräfte sind nämlich sonst, was z. B. das Kassieren und die betrieblichen Anordnungen anbelangt, durchaus zur Vertretung der Leitung befugt. Sie müßten also auch die Beanstandungen des Publikums entgegennehmen und diese – so wäre der richtige Weg – an ihre Vorgesetzten weiterleiten.

Ferner kann der Vertreter seine mangelnde Identität mit dem Auftraggeber taktisch so ausnutzen, daß er sich im entscheidenden Moment als nicht genügend instruiert ausgibt oder daß er versucht, als am Streit nicht persönlich Beteiligter mäßigend und ratgebend auf den Gegner einzuwirken.

Umgekehrt wird auch der Gegner bestrebt sein, die Lage für sich auszunutzen, indem er zum Beispiel mit Behauptungen operiert, die der Beauftragte nicht widerlegen kann, oder indem er diesen durch geschickte Darstellung des Sachverhalts für sich zu gewinnen sucht. Im Falle eines siegreichen Verlaufs ist es für ihn immer zu überlegen, ob er den Abgesandten des Feindes völlig erfolglos lassen und als geschlagenen Feldherrn nach Hause schicken soll. In diesem Falle macht er den Mann daheim unmöglich und bekommt beim nächstenmal einen anderen vorgesetzt, der ihm mit Sicherheit unangenehmer ist. Läßt er dem Gesandten dagegen etwas Vorteil, dann wird ihm dieser, der ihm obendrein persönlich wohlgesonnen ist, weiter als Partner bleiben.

In diesen Erwägungen stellen sich die besonderen Spannungen und Kräfteverhältnisse dar, die das diplomatische Parkett so interessant und schwierig machen, wobei sich die Probleme in demselben Maße vervielfachen, in welchem eine größere Zahl anderer Abgesandter im Spiele ist.

Bundesgenossen und Isolation

Endlich ist auch die Frage der Verbündeten von Bedeutung. Wir hören immer wieder, daß die Politiker nichts so fürchten wie die Isolation. Das hat seinen wichtigen lebensmäßigen Grund und gilt für den alltäglichen Streit im Miethaus oder Büro genauso. In den Bundesgenossen, vor allem wenn sie würdig und angesehen sind, erweist sich die Billigung unseres Standpunktes durch andere, bisher unbeteiligte Personen. Diese vertreten die Allgemeinheit der übrigen Menschen und helfen, das sachliche Für und Wider auf eine zugkräftige zahlenmäßige Formel zu bringen: hier 10 – da 2. Diese Gegenüberstellung macht Eindruck, obwohl die Richtigkeit eines Gedankens im Grunde an der Zahl seiner Befürworter nicht gemessen werden kann.

Abgesehen von diesem tieferen Sinn der Bundesgenossenschaft bildet die Mehrheit immer eine machtmäßige Bedrohung der Minderheit. Der Kampf um die Gewinnung von Freunden und Helfern geht darum mit Recht jeder streithaften Auseinandersetzung voraus; denn oft wird die bloße tatbereite Anwesenheit der Helfer den Gegner zum Zurückweichen veranlassen und damit den Streit schon vor seinem Beginn entscheiden.

Man überlege es sich also, ob man, wenn man mit der Nachbarsfrau Ungelegenheiten hat, deswegen auch deren Mann und die Kinder mit seinem Zorn verfolgen soll, und ob man, wenn man mit einer Großmacht in Fehde liegt, auch den Kreis der mit dieser verbündeten, abhängigen Staaten bekämpfe. Meist wird das Gegenteil von Nutzen sein. Man sei lieber zu den anderen doppelt höflich. Vielleicht gewinnt man sie dadurch bewußt oder unbewußt zu Freunden.

In der streithaften Debatte als solcher besteht ein Kunstgriff darin, daß die Isolation des Gegners, wenn sie schon nicht ohne weiteres bewiesen werden kann, wenigstens behauptet wird. Dies geschieht z. B. mit der Bemerkung, es sei dies das erstemal in einer langen Praxis, daß dieser Einwand überhaupt vorgebracht werde und der Gegner »stehe mit seiner Behauptung offenbar allein«. Geschäftsleute pflegen, wenn eine ihrer Waren beanstandet wird, oft in dieser Weise zu argumentieren. Es sei wirklich die erste Beschwerde dieser Art, erwidern sie im Tone des Befremdens, und man habe sonst noch nie Schwierigkeiten mit diesem Artikel gehabt. Wenn andererseits der Käufer fest auf seinem Recht beharrt, ist mit dem Isolierungseinwand nicht mehr viel anzufangen. Mit Seufzen und mehr oder weniger anzüglichen Bemerkungen über das mangelnde Vertrauen der Leute tauscht der Handelsmann das Gerät dann trotzdem um und trägt das fehlerhafte Exemplar in den Nebenraum, wo schon dreiundzwanzig Stück dieser Art versammelt sind.

Ein Musterfall

Um zum Schlusse einen zusammenfassenden Überblick über die dialektischen Figuren zu geben, die bisher im einzelnen erörtert wurden, und um zu zeigen, welche Vielzahl von Argumenten in jedem besonderen Streitfall besteht, seien nunmehr die besprochenen Streitfiguren noch einmal der Reihe nach – soweit sie überhaupt verwendbar sind – an ein und demselben Tatbestand demonstriert. Als Streitthema diene ein Problem, das gegenwärtig häufig in der Öffentlichkeit zur Sprache kommt: die Frage, ob in landschaftlich schönen und interessanten Gegenden industrielle Anlagen entstehen sollen oder nicht. Selbstverständlich soll damit nicht zur Sache selbst Stellung genommen sein. Es geht hier vielmehr um die logisch-dialektischen Bewegungen als solche, für die unsere Frage lediglich als Beispiel dient.

Angenommen also, in einem Landkreis hätten Naturschutzvereine, Wander- und Pfadfinderverbände, Botaniker, Zoologen, Jäger, Fischer und andere landschaftsfreundlich eingestellte Personen und Organisationen dagegen protestiert, daß in dem Gebirgstal X ein Elektrizitätswerk gebaut werden solle. Eine solche Anlage, sagt man, verschandle die Natur, entziehe den arbeitenden Menschen die Möglichkeit der Erholung und Erbauung und beraube die Naturwissenschaft um eines der immer seltener werdenden Objekte der Forschung und Beobachtung.

Dann wäre die Entgegnung auf diese Einwände unter Verwendung der geschilderten Streitfiguren etwa wie folgt zu denken (wobei, wie schon früher bemerkt, die Argumente nicht etwa alle zusammen, sondern nur in sachgemäßer Auswahl und Beschränkung vorgebracht werden könnten, und im übrigen die gedanklichen Elemente einer Streitform oft auch in anderen Figuren wieder vorkommen):

Das Bestreiten der Tatsachen

Es treffe gar nicht zu, würde es dann heißen, daß im Tal X an der bewußten Stelle ein Elektrizitätswerk errichtet werden solle. Ein Dementi also. Eine sehr wirksame Entgegnung, die der gegnerischen Polemik energisch die Grundlage entzieht und durch die sich, wenn die Richtigstellung zutrifft, alle weitere Diskussion erübrigt.

Es empfiehlt sich aber solchen Erklärungen gegenüber insofern Vorsicht, als die Wahrheit mitunter dicht *neben* dem abgeleugneten Sachverhalt liegt. Vielleicht soll das Werk 1000 Meter oberhalb oder unterhalb der zuerst genannten Stelle entstehen, oder vielleicht handelt es sich genaugenommen nicht um ein Kraftwerk, sondern um eine Umspannstation.

Die Kausalität

Mit Hilfe dieser Entgegnungsart, die am ehesten geeignet ist, die eigentlichen sachlichen Gründe eines Handelns oder Planens zu erörtern, wäre in diesem Falle etwa zu argumentieren, daß die Dinge mehr oder weniger *zwangsläufig* den vorgesehenen Verlauf nehmen müßten. Man sei nicht schuld an dieser Entwicklung. Man könne nicht mehr anders, selbst wenn man wolle. Man müsse der neuerdings angesiedelten Industrie aus volkswirtschaftlichen Gründen Rechnung tragen. Es bestünden bei der augenblicklichen Energieverteilung ganz beträchtliche Schwierigkeiten, die eine verantwortungsbewußte Verwaltung gar nicht anders als durch den Bau eines neuen Werkes an dieser Stelle beheben könne.

Das wäre eine Anwendung dieser Figur gewissermaßen aus der Verteidigung. Man könnte die Kausalitätsprüfung auch in offensiver Form auf das eigene Vorbringen des Gegners richten und dann etwa sagen:

Durch Elektrizitätswerke würden die Schäden der Natur,

die gewiß bedauerlich seien, durchaus nicht verursacht, zumindest nicht in ausschlaggebender Weise. Es seien dafür ganz andere Faktoren maßgebend – die Besiedelungsdichte zum Beispiel, die Verseuchung des Wassers und der Luft und ähnliches. Diese Schäden würden eintreten, ganz unabhängig davon, ob das Kraftwerk gebaut würde oder nicht.

Unterscheiden und Zergliedern

Was störe denn überhaupt die Natur bei diesem Projekt? Das müsse man erst einmal genauer untersuchen. Zweifellos nicht der schöne Stausee, den man anlegen wolle – im Gegenteil, der bereichere das Landschaftsbild. Sicher auch nicht das Gebäude, das an versteckter Stelle errichtet werde. Allenfalls die Masten und die Leitungsdrähte, die aber heute schon als zur Kulturlandschaft gehörig empfunden würden. Möglicherweise auch etwas das Brummen der Maschinen. Aber demgegenüber sei der Lärm der Autos und Flugzeuge, gegen den niemand mehr etwas einwenden könne, viel stärker.

Vergleichen

Hierzu könnte (unter vielen Möglichkeiten) das Beispiel anderer Industrieanlagen angeführt werden, die gebaut werden mußten, ferner das von Autobahnen, Brücken, Kasernen und Bahnhöfen. Der Mensch habe sich längst an diese Bauten gewöhnt. Genauso werde es im Tale X sein.

Im übrigen (ein Vergleich, der sich gegen das eigene Verhalten des Gegners richtet): seien vielleicht die scheußlichen Rasthütten, Aussichtstürme, Gasthäuser und Ferienheime, die die Naturvereine rings im Lande angelegt hätten, *keine* Verschandelung der Natur?

Beweis vom Höheren zum Geringeren

Wenn schon in dem viel schöneren Tal vor Jahren ein Kraftwerk gebaut worden sei – wenn das bekannte Heidegebiet in Z einem Flugplatz weichen mußte –, wenn man in der Nähe der historischen Burg B neulich ein Zementwerk errichtet habe, dann könne das geplante Werk in X dagegen kaum als Angriffsziel der Kritik dienen.

Beweis aus dem Gegenteil

Vor zwei Jahren sei der Bau des gleichen Kraftwerks am Z-See nach langem Streit mit den Gegnern abgelehnt worden. Danach sei es aber klar, daß man das Werk nun wenigstens im Tal X bauen müsse.

Allgemeinverbindlichkeit

Wie es die Naturvereine machten, gehe es doch wirklich nicht! Die seien schließlich nicht allein da! Die Industrie habe ebenfalls ihr Lebensrecht. Wenn *alle* die Interessen der anderen so mißachteten, wo käme man da hin?

Summierung

Der Elektrizitätsverband habe in den letzten Jahren in zahlreichen Fällen nachgegeben und verschiedene Male dem Landschaftsschutz zuliebe auf wichtige Anlagen verzichtet und dadurch beträchtliche zusätzliche Aufwendungen erbringen müssen. Jetzt müsse aber einmal damit Schluß sein!

Widerlegung ad absurdum

Diese Naturschutzbestrebungen sollten wohl noch dahin führen, daß die Menschen wieder in Bärenfellen herumliefen und ihre Behausungen mit Kienspänen erhellten!

Entstellung der gegnerischen Behauptung

Die Forderung, keine (!) Industrieanlagen (!) mehr bauen und statt dessen die ganze Gegend (!) zum Wandern oder Jagen bestimmen zu wollen, sei doch völlig unsinnig.

Die zwei Seiten einer Sache

Die betonte Naturpflege habe durchaus ihre Nachteile. Man ziehe doch – hier erfolgt innerhalb dieser Streitfigur eine erneute Prüfung der Kausalität und eine Rückbeziehung auf das eigene Verhalten des Gegners – durch die Naturschutzpropaganda (!) die Besuchermassen regelrecht herbei. Diese aber schadeten durch ihre bloße Anwesenheit wie auch durch Wegwerfen von Papier und Abfall, durch Abreißen der Pflanzen, durch Lärmen und Singen der Natur viel nachhaltiger, als es das umstrittene Kraftwerk zu bewirken imstande sei.

Umgekehrt könnten durch diese Argumentierungsweise die positiven Seiten der Elektrizitätserzeugung, gerade auf den Naturschutz bezogen, hervorgehoben werden: Wassergewinnung, Vermeidung von Ruß und Staub oder ähnliches.

Das Sowohl-Als-auch

Eine gewisse Kultivierung gehöre heute nun einmal zu jedem Landschaftsbild. Die völlig unberührte Natur gebe es in unseren Breiten nicht mehr. Sie würde dem Menschen auch gar nicht mehr gefallen. Wege müßten angelegt, Bäume gefällt, das Wild gehegt und gejagt werden – wer könne also sagen, wo die Zivilisation anfangen und wo sie aufhören solle? Man müsse einen angemessenen Ausgleich zwischen beiden Forderungen herbeiführen. Nur das stehe im Grunde überhaupt zur Debatte.

Das Ausweichen ins Allgemeine

Der ganze Streit um das Tal X sei doch in der gegenwärtigen Situation, in der die wirtschaftliche Expansion für das Land das wichtigste sei und die Industrialisierung in allen Erdteilen unaufhaltsam fortschreite, ganz unangebracht. Hätten wir wirklich nichts Besseres zu tun, als uns um das Tal X zu kümmern, wo es um unsere Behauptung in der Welt gehe, ein Ziel, für das die größtmögliche Elektrifizierung nun einmal die Voraussetzung bilde?

Wenn und Aber

Es bestehe übrigens der Plan, in nächster Zeit zehn Kilometer vom Tal X eine Satellitenstadt anzulegen. Auch werde ein neues Hartplattenwerk in dieser Gegend entstehen. Deren Stromversorgung sei aber nur gesichert, wenn das Kraftwerk inzwischen errichtet werde.

Widerlegung aus dem Besonderen

Hierzu könnte das Beispiel eines anderen Elektrizitätswerkes angeführt werden, das sich in geradezu idealer Weise in die Landschaft einfüge. Fotos, auf denen dieses Werk hinter idyllischen Baumgruppen zu sehen ist, beweisen, wie nett man so etwas machen kann.

Verurteilung mit Sammelbegriffen

Es sei doch Romantik und purer Atavismus, Naturtümelei und feige Flucht vor den Aufgaben der Gegenwart, wenn man auf diese Weise versuche, den Gang der Entwicklung aufzuhalten und eine Kulturstufe mit allen Mitteln zu bewahren, die nun einmal überholt sei.

Autoritäten

Gauß, Einstein und Oskar von Miller haben vielleicht zu der Frage Aussprüche getan, die zitiert werden können.

Beanstandung der Fragestellung

Die ganze Art, wie man hier von privater Seite aus versuche, an dieser und jener Stelle des Landes industriellen Vorhaben entgegenzutreten, um die Natur zu erhalten, sei doch völlig verfehlt! Auf diese Weise würden nur vereinzelte Oasen geschaffen, die dann inmitten der übrigen Umgebung ihren Charakter niemals behaupten können. Man müsse, wenn man schon Naturpflege betreiben wolle, große zusammenhängende Schutzgebiete errichten, die für immer ihrem Zweck gewidmet blieben und für Tier- und Pflanzenwelt wirklich weiträumige Entfaltungsmöglichkeiten böten.

Taktik, hinter das gegnerische Argument zu gelangen

a) kulturgeschichtlich: Das Paradoxe sei, daß die betonte und eifervolle Naturpflege bei den wirklich naturverbundenen Menschen überhaupt nicht anzutreffen sei, sondern immer einer späten Zivilisationsstufe entstamme, in der sie letzten Endes nutzlos bleibe. Von solchen restaurativen Bestrebungen gingen niemals irgendwelche größeren geistigen oder künstlerischen Impulse aus.

b) psychologisch: Es sei letztlich die Angst vor dem Leben, die sich hinter der illusionären Naturliebe verberge, das Zurückschrecken vor den eigenen Leistungen, der Libidoschwund und das Wirken unbewältigter Komplexe. Man solle solche psychischen Schäden nicht pflegen, sondern auf angebrachte Weise zu beheben suchen.
c) materiell: Als Initiatoren der künstlich geschürten Volkserregung seien wohl nur einige Jagdpächter und Gastwirte anzusehen, die bei der Sache rein eigennützige Interessen verfolgten, ferner die Heimat- und Trachtenvereine, die aber von einer gewissen Partei aus gesteuert und kontrolliert würden. Das Ganze sei also nichts weiter als ein getarntes Wahlmanöver!

Es bliebe nun der gegnerischen Streitpartei überlassen, ihre Argumente unter Verwendung der gleichen gedanklichen Figuren, wenn auch wieder von anderen Gesichtspunkten her, zu sammeln und vorzutragen. Welche Meinung sich letzten Endes durchsetzte, ist theoretisch nicht zu ermitteln. Wie schon früher bemerkt, vollzieht sich die Entscheidung meist in der Weise, daß das Hinzutreten eines weiteren, oft außerhalb des eigentlichen Streitthemas liegenden oder in seiner Bedeutung übergeordneten Grundes »den Ausschlag gibt«. Jedoch ist aus diesem Vorgang wiederum die allgemeine Nutzanwendung zu ziehen, daß die umfassendste Erörterung des Themas, die Fähigkeit, den ganzen Sachverhalt mitsamt seinen Hintergründen und Nebentatbeständen gehörig abzuleuchten und der energische Wille, weitere und neue Argumente aufzufinden und in die Erörterung einzuführen, im Streit zum Siege führen.

Das zu erkennen, ist auch für die abschließende Beurteilung der Nützlichkeit unserer Untersuchung wichtig. »Was soll mir denn«, könnte der Leser vielleicht ungeduldig ausrufen, »diese theoretische Anleitung? Lerne ich etwa daraus, was ich in diesem oder jenem Disput sagen muß, in den ich hineingerate? Sind die Regeln, die hier behandelt werden, nicht den geborenen Streitköpfen schon unbewußt zu Diensten, während die Unbegabten sie auf diesem Wege doch nicht erlernen?«

Freilich wäre es mühsam und wenig erfolgversprechend, wenn der Leser bei jeder geistigen Kollision erst diese Fibel aus der Tasche ziehen und den rechten Modus des Entgegnens nachschlagen müßte.

Aber einmal ist der menschliche Verstand nicht so billig konstruiert, daß er nur auf so unmittelbare und trichterhafte Weise zu fördern wäre. Es hilft darum durchaus schon, diese Zeilen aufmerksam und mitdenkend gelesen zu haben. Die tieferen Schichten der Persönlichkeit, die wir im Laufe der Abhandlung mehrfach zu zitieren hatten, werden sich der Sache von da ab zum Nutzen ihres Besitzers annehmen.

Zum anderen wächst erst mit dem Überblick über die bestehenden Erwiderungsmöglichkeiten die Einsicht, daß man sich vor blindem, unbedachtem Einhauen hüten und die Vielzahl der Gesichtspunkte im voraus gehörig in Betracht ziehen muß. Damit wird die redliche, sachliche und saubere Polemik gefördert, die durch gründliche Klärung und Erörterung eines Problems an sich schon ihr Verdienst besitzt.

Im übrigen besteht auch die geistige Kampferfahrung wesentlich in dem unabhängig von der Einzelsituation begründeten Bewußtsein, daß man vor keinem Angriff in wildem Schrecken davonlaufen muß. Meistens gibt es noch eine Erwiderung, mit der man sich wenigstens seiner Haut wehren und die übelsten Folgen abwenden kann. Dabei ist es schon von Vorteil, die betrüglichen Manöver derjenigen zahlreichen Zeitgenossen erkennen und durchkreuzen zu lernen, die unter Mißbrauch der legalen Streitformen bemüht sind, ihre Mitmenschen einzuschüchtern und über den Löffel zu balbieren.

Denn es darf bei aller Streitgewandtheit die Gewißheit nicht untergehen, daß hinter den verschiedenen Meinungen und Positionen immer die eine klare und unerschütterliche Wahrheit steht. Diese kann durch Nebel verhüllt, durch Spiegelungen verzerrt und durch Fassaden verstellt, nicht aber in ihrem Wesen verändert werden. Wer ihr dient, streitet am besten.

ENDE

Goldmanns GELBE Taschenbücher

Boettners Gartenbuch: Mein Garten. Anlage, Düngung, Schädlinge u. a. Mit 106 Abbildungen. Bearbeitet von Erika von Scanzoni. Band 2458. DM 3.–

Den ›Boettner‹, das populärste Gartenbuch, gibt es jetzt auch als Taschenbuch in vier Einzelbänden. Er ist das Abc für jeden Gartenfreund und Gärtner. Der erste Band ›Mein Garten‹ enthält allgemeine Grundlagen, die jeder Gartenbesitzer wissen muß.

Boettners Gartenbuch: Zierpflanzen. Blumen, Stauden, Gehölze u. a. Mit 69 Abbildungen. Bearbeitet von Erika von Scanzoni. Band 2459. DM 3.–

Aus dem Inhalt: Schöner Gartenrasen – Einjahresblumen – Blütenstauden – Steingarten – Knollen- und Zwiebelblumen – Kübelpflanzen – Herrichtung eines Wasserbeckens – Rosengarten – Gehölze – Nadelgehölze – Rhododendron.

Boettners Gartenbuch: Gemüse und Beeren. Mit Kartoffeln, Würzkräutern u. a. Mit 97 Abbildungen. Bearbeitet von Erika von Scanzoni. Band 2460. DM 3.–

Aus dem Inhalt: Anbau von Kohlgemüse – Wurzel- und Rübengemüse – Blattstielgemüse – Spinatgemüse – Zwiebeln und Lauchgemüse – gurkenartigen Gewächsen – Hülsenfrüchten – Frühkartoffeln – ausdauerndem Gemüse – Würzkräutern – Beerenobst.

WILHELM GOLDMANN VERLAG MÜNCHEN

Goldmann-Bücher erhalten Sie in allen Buchhandlungen, in vielen Kaufhäusern und an den meisten Bahnhofskiosken überall in der Welt, wo deutsche Bücher verkauft werden.

Aus dem WILHELM GOLDMANN VERLAG
8 München 80, Postfach 80 07 09 bestelle ich
durch die Buchhandlung

Anzahl	Titel bzw. Band-Nr.	Preis

Datum: Unterschrift:

2892 · 7017 · 3.000

Bitte mit Postkarten-Porto frankieren.

Wilhelm Goldmann Verlag
8000 MÜNCHEN 80
Postfach 80 07 09